本書出版得到西安美術學院學科建設項目專項資金資助

《邠州石室録》校注

〔清〕葉昌熾 撰　陳磊 校注

文物出版社

圖書在版編目（CIP）數據

《邠州石室録》校注 /（清）葉昌熾撰；陳磊校注.
—— 北京：文物出版社, 2024.5
ISBN 978-7-5010-8137-0

Ⅰ.①邠… Ⅱ.①葉… ②陳… Ⅲ.①石刻 – 彬州 –
古代 – 圖録 Ⅳ.①K877.402

中國國家版本館CIP數據核字(2023)第132877號

《邠州石室録》校注

撰　　者　〔清〕葉昌熾
校　　注　陳　磊
責任編輯　陳　峰
責任印製　張　麗

出版發行　文物出版社
社　　址　北京市東城區東直門内北小街2號樓
郵　　編　100007
網　　址　http://www.wenwu.com
經　　銷　新華書店
印　　刷　陝西海豐印刷有限公司
開　　本　889mm×1194mm　1/16
印　　張　15.5
版　　次　2024年5月第1版
印　　次　2024年5月第1次印刷
書　　號　ISBN 978-7-5010-8137-0
定　　價　298.00元

代前言

《邠州石室録》校注札記

陳 磊

　　開展《邠州石室録》校注工作是基于該書較高的文獻價值與史學價值。《〈邠州石室録〉校注》包括對該書所收録勾摹題刻及其他文字的識讀、標點和注釋，以及對所徵引古籍文獻、碑刻題名等内容的出處、原文校勘。現對該書内容及校注情況從以下六個方面作扼要説明：

一　《邠州石室録》及葉昌熾

　　《邠州石室録》一函三卷二册，民國四年（一九一五）刻本。該書由清末民初著名金石學家葉昌熾編撰、江南著名藏書家劉承幹校刊；寄由黄岡擅長臨摹各類書體的"刻書聖手"饒星舫寫樣，交由有"天下第一好手""精妙不弱于東鄰"之譽的黄岡陶子麟雕版印製〔一〕。一九二九年《邠州石室録》及重刻蜀大字本《史記》參與國際圖書館會議展覽〔二〕。

　　葉昌熾（一八四九至一九一七），字蘭裳，又字鞠裳、鞠常，自署歇後翁，晚號緣督廬主人。原籍浙江紹興，後入籍江蘇長洲（今蘇州），是晚清著名金石學家、文獻學家、收藏家。主要著述有《語石》《藏書紀事詩》《邠州石室録》《緣督廬日記》《寒山寺志》《辛臼簃詩讔》等，還包括後人整理編輯的《奇觚廎文集》《奇觚廎詩集》等〔三〕。

　　葉昌熾編撰《邠州石室録》，以書目形式收録于《清史稿·藝文志》等相關文獻中〔四〕。此外，該書曾由文物出版社單獨影印出版〔五〕；亦被影印收録于《石刻史料新編》《續修四庫全書》中〔六〕。目前尚未有《邠州石室録》的整理點校本。

二　《邠州石室録》内容與體例

　　《邠州石室録》的主體内容包括題刻和題跋兩部分，即邠州大佛寺（今彬州大佛寺石窟）唐、宋、金、元時期一百零三通題刻的摹刻，以及葉昌熾爲每一則題刻所作的題跋。主體内容前爲題刻目録，題刻目録之前有三文，按順序分别爲葉昌熾撰"自序"、劉承幹撰"邠州石室録序"〔七〕、葉昌熾撰"游邠州大佛寺記"；主體内容之後有清學者孫德謙撰"後序"。

　　《邠州石室録》包背裝式折頁，版心向外，綫裝。扉頁頁右題字"邠州石室録"，落款"吴郁生署檢”，鈐印“鈍齋”〔八〕；扉頁頁左有“乙卯秋八月吳興劉氏嘉業堂校刊”，界格兩排計十四字，爲劉承幹藏書樓之刻書符記。主頁版心，上距天頭四分之一處爲魚尾，魚尾下無象鼻。魚尾右下依次有“自序”“邠序”“邠記”“邠目”“邠一”“邠二”“邠三”“後序”標目，分別對應葉昌熾撰“自序”、劉承幹撰“邠州石室錄序”、葉昌熾撰“游邠州大佛寺記”、題刻目錄、卷一、卷二、卷三、孫德謙撰“後序”，共計八個部分。

版心下橫綫下方、距地脚四分之一處有頁碼，每一部分頁碼單獨排序。每頁頁左版框外側下方有“吳興劉氏嘉業堂校刊”九字符記。

版心左、右即頁左、頁右各有獨立版框。扉頁及題刻頁行款自由，以合適安排拓片的摹寫。個別豎式狹長題刻之摹寫，或超出版框而占有天頭部分，或另單獨附紙，由其頁之天頭處伸出，摺而合于頁內〔九〕；個別橫式狹長題刻之摹寫，在保證版心與版框不變的前提下，分布于頁左、頁右。每通題刻頁，首行爲葉昌熾所擬題刻名稱，單獨一行；第二行爲小字，兩行分布共占一行，一般包括題刻的形製、行數、字數、大小、字體、保存完整程度等內容；題刻名稱及題刻內容之後，即勾摹題刻；勾摹題刻之後是題跋，題刻與題跋不在同一個半頁，即題跋在頁右，題刻在頁左；或題刻占一頁，題跋另起一頁。

主體內容前後的葉昌熾、劉承幹、孫德謙撰文皆于每一獨立版框內豎行分布；每一版框內界分十行，每一界行各有二十三字。上一文、上一題跋頁中，若頁左有剩餘，抑或是頁右有剩餘而頁左無文字，皆保留界行，不再寫新內容。新的一文或一題刻、一題跋，皆單獨起頁。此三人撰文，通常不分段。衹個別文字有提行現象，如遇到皇帝之任命職務，雖不滿行，另起一行書寫，“自序”中“昌熾始被”之後的“命度隴”即單獨起行；首次題跋後若另有續撰、再補題跋，以“又按”提行，如“太原王穆等題名”中跋語〔一〇〕。正文中有少量小字，一般爲補充、注釋文字，雙行行文，共占一行。

三 《邠州石室錄》之價值

《邠州石室錄》所收錄題刻的邠州大佛寺，即今之彬州大佛寺石窟，是陝西地區最大的石窟。該石窟內保存有一千三百多尊造像，主要雕鑿于北朝、隋唐時期，是反映唐代中國佛教造像“長安樣式”最重要的遺存。該石窟內現存題刻及各類材料約計二百五十通，時間範圍包括唐、宋、金、元、明、清及中華人民共和國成立前，還包括一些中華人民共和國成立後的碑刻；該石窟的題刻數量之大、內容之豐富、歷史文獻之價值等均爲陝西石窟之最，在全國各大石窟中亦居前列。因古邠州地處出入關中平原的西北要塞，又是中原政權與少數民族政權對峙的前沿，這些題刻是研究不同時期宗教文化、造像藝術、社會文化的重要材料，具有證史、補史、糾史乃至寫史的重要價值。《邠州石室錄》中葉昌熾對題刻的題跋實即考訂，這些考訂精審，爲專業學人研究題刻材料奠定了基礎。今之學人在使用這些題刻材料時，或是釋讀、句讀錯誤，或是淺層次解讀、誤讀，不可不說與忽視《邠州石室錄》有直接關係。

《邠州石室錄》成書基礎是邠州大佛寺石窟的一百零三通題刻，其中包括唐二十二通、宋六十四通、金一通、元十六通。葉昌熾根據邠州大佛寺住持僧天緣所送拓片整理、考釋，後按照不同比例縮臨、摹寫，盡可能纖毫畢肖以保留拓片原貌。故《邠州石室録》中題刻文字部分字體不一且多有殘缺，唐代題刻泐損尤爲嚴重。在無法影印出版的清末民初，摹刻是保存題刻原貌、避免武斷釋讀的最佳方式。這些細緻勾摹的題刻，相較于今天的原石與拓片，某種角度上（如完整性、清晰程度），具有更接近初刻狀態的價值。在今天，原石的漫漶程度、後人劃損覆刻之隨意更甚于葉昌熾時。民國時期直至新中國成立之前，仍有新的題刻；更有今人游客隨意寫劃，如葉昌熾所唱嘆："轉展〔輾〕鏟除，謬種不絕，文字浩劫，古今同慨。"〔一一〕邠州大佛寺石窟砂岩石質，容易風化，更易受到潮濕氣候的直接影響；二〇一八年陰雨潮濕，多有大的塊石崩落，小的風化、殘損更是不計其數。今人重視造像甚于題刻，造像毁壞尚無法避免，對題刻的保護重視尤爲不力。

《邠州石室録》中，每一通題刻之後都有葉昌熾所作題跋。葉昌熾之題跋雖未完整釋讀題刻全文，但以其善史事考訂之學的眼光，對題刻中的關鍵信息如人名、年代、職官、地理乃至石刻藝術風格等諸多問題都作了考釋，如孫德謙在"後序"所言："先生爲依據職官，鈎稽歲月，訂渡豕之誤字，補乘馬之闕文。"其考釋文字或長千餘字，或百十字，爲今人認識這些題刻奠定了基礎，更提供了金石文獻研究的寶貴經驗。這些題跋的價值，具體可從以下幾個方面展開來説：

第一，葉昌熾以其數十年的不斷積纍，六十三歲所作《邠州石室録》是他晚年的最後一本學術著述〔一二〕。葉昌熾最具有代表性的學術成果《語石》是金石學的集大成之作，而其中所未涉及部分、待補充部分，在《邠州石室録》中多有體現。如"元□造像"中的"璽押"、"史世則、馬清題名"中"捧硯"可補《語石》之例〔一三〕；而"進士辛九皋題名"中無刻字人姓名，在"刻字""同游"之例"可補《語石》所未語"〔一四〕。其他考證之深入程度，也多有超出《語石》，與《語石》可互爲葉昌熾金石學研究的姊妹篇。

第二，葉昌熾題跋中，"辨章學術，考鏡源流"，大量徵引正史及其他相關典籍文獻作歷史、地理的考訂，廣泛參照其他石刻史料及地方志材料以與邠州大佛寺題刻相互闡發。據正史所載郡望、世系、職官而斷代，覽石刻典籍及題名目録補姓字，以武周造字、避諱等談佞佛之風，閱集部詩、文、記、傳作延展擴充，題跋考訂中《説文》、四部、正史、金石之學的準確、普遍運用反映了葉昌熾廣博的視野和扎實的根基。讀《緣督廬日記》知其早年"讀書僻典不解、奇字不識，附録于左，以備稽考"，如葉昌熾二十二歲孟冬閏月讀書所抄記"鬖""綯""頓""達魯花赤"等〔一五〕，在《邠州石室録》中或有出現，或有解讀運用。如"綯"字，該書中使用次數頗多。

第三，葉昌熾對題刻的考訂中，有重點參考書目，也有對文獻的搜尋徵引。重點參考書目中，正史主要有《舊唐書》《新唐書》《宋史》《元史》《資治通鑑》《續資治通鑑》等，涉及世系表、職官志、地理志、列傳及紀年部分。小學基礎典籍有《説文解字》《廣韵》等，集部重要文獻有《范文正集》《安陽集》等，石刻文獻主要有《金石萃編》《三巴叴古志》《藝風堂金石文字目》《寰宇訪碑録》《粵西金石略》等。其他徵引文獻上千種。此外，還有較多石刻題名爲葉昌熾所親見。這種考訂的理路，既爲後人瞭解葉昌熾的學問提供了綫索，也爲重新認識清代金石學的成就樹立了典型。

第四，葉昌熾的考訂極爲精審，源于他經年的積纍與治學的理路。在題跋考訂中，首先斷定年代，對于没有年代的以考訂結果排列次序先後。如其“自序”所言“其中如王堯臣、蔡延慶、李丕旦諸刻，皆于無文字處鈎稽而出”，從中可窺視其考訂之學力。而“邠州石室録序”中言“檀峪王鴻業、蜀范文光兩通，書法皆精整，而此録未收”，則是其見多識廣後的“矜慎”。葉昌熾的考訂，基本精準，爲後人認識、研究這些題刻奠定了堅實的基礎。研究、利用邠州大佛寺的題刻材料，充分使用《邠州石室録》是必要條件。

四 《邠州石室録》成書過程小考

《邠州石室録》的成書過程可以通過葉昌熾所撰《緣督廬日記》及《邠州石室録》主體内容前後的“自序”“邠州石室録序”“游邠州大佛寺記”“後序”四文梳理考訂。

葉昌熾的《緣督廬日記》是清代四大日記之一。葉昌熾去世前，將其日記中的家事、隱私内容塗抹，其餘部分由王季烈節抄，故名《緣督廬日記抄》。在葉昌熾的生平、交友、學問等方面，《緣督廬日記抄》基本等同于《緣督廬日記》。梳理考訂《邠州石室録》的成書歷程，首先應該將《緣督廬日記抄》中有關《邠州石室録》的所有内容鈎稽整理〔一六〕。現對《緣督廬日記抄》中的有關資料歸類、分析，并參照“自序”“邠州石室録序”“游邠州大佛寺記”“後序”四文，梳理考訂《邠州石室録》成書過程簡述如下：

光緒丁亥年（一八八七），葉昌熾從吳大澂處得知有邠州大佛寺及題刻。四月初四日、十二日得吳大澂分别贈送昔年任職陝甘學政時所録題名、所拓題刻若干。吳大澂另贈葉昌熾毛鳳枝編《關中金石目》，囑葉昌熾編關中金石。因時間長、紙墨污損及其他原因，題刻無從識讀。

光緒壬寅（一九〇二）四月十四日，葉昌熾因任職甘肅學政，途經邠州大佛寺，得以觀覽所有題刻。惜行程匆忙，又未帶椎拓工具，臨行前囑托寺僧代爲拓片。

光緒乙巳（一九〇五）六月廿一日，葉昌熾三至涇州途中，得住持僧天緣送來邠州大佛寺拓片約八十份。這些拓片以唐、宋題刻居多，而有少量明刻。

光緒丁未（一九〇七）三月，葉昌熾以半月時間整理這些拓片。三月廿七日，得題刻一百一十二通。以唐刻皆精，但數量較少，且多漫漶。與其他歷代題刻一樣，多被後世磨損覆刻。

宣統辛亥（一九一一）葉昌熾始勾摹邠州大佛寺題刻，從八月初二日勾摹宣和年間題刻至十一月二十日勾摹宋、元題刻，三個半月來共計勾摹題刻一百二十五通。十一月廿一日，按照年月次序排比先後，無年月題刻根據筆勢各附本朝之後，計唐廿二通、宋六十四通、金一通、元十六通、明廿二通。廿三日始繕寫目録，定名爲“邠州石室録”；廿四日，最終確定題刻一百二十六通；廿七日，繕畢目録，年月、姓氏、職官、郡邑詳列；目録共計十頁，每頁二十行；題刻摹刻共計一百二十一頁。共一百三十一頁，以待考訂。

從宣統辛亥（一九一一）十一月廿八日始爲“神智造象”題刻作跋，斷續至一九一二年七月十四日跋“厄剌歹裝象”題刻畢。七月十八日重校目録，根據考訂年月，依紀元重編，得唐、宋、金、元題刻及題跋各一百零三通。其間，對個別題跋有增補、删改、重跋。正月初二日曾得藝風堂繆荃孫不贊成收明刻函，故最終本《邠州石室録》無明代題刻及題跋；另，三月廿五日葉昌熾曾函詢熟《金史》的孫德謙，以爲唯一一通金代題刻"傅幾先題名"作跋。

一九一二年十月廿二日，作"游邠州大佛寺記"。

因孫德謙多次言及劉承幹刻嘉業堂叢書而征葉昌熾撰述，一九一四年十月十二日傍晚葉昌熾將書稿付孫德謙，并告以該書宗旨、略例。廿二日，孫德謙告知葉昌熾邠州石室録將寄往湖北鄂渚（今鄂州）、付陶子麟刊刻。

一九一五年三月廿二日葉昌熾至孫德謙處商榷刻例，携原稿歸；廿三日出重定刻例：全書三卷，以序冠首，序後目，目後游記，另有分頁、字體要求等。廿九日，與陶子麟見面，示之《長安獲古編》作爲版式參照，如板口、高下、廣狹；而中綫但有魚尾，無象鼻，魚尾下有卷數標號如"邠一""邠二"等，頁數在下橫綫下寸許。字體仍未商定。六月十八日，孫德謙携《邠州石室録》寫樣見示，爲仿《三巴香古志》字體，"崚峋露骨，瘦硬可喜"。七月三日、四日代劉承幹撰"邠州石室録序"。八月初一日午後校寫樣，寫樣爲饒星舫之筆，"雋雅絶俗，瘦硬通神"；初二日午後校寫樣第一卷畢，僅訛三四字，與原稿勘誤一并改正。

一九一六年五月十九日《邠州石室録》刻成，"好寫精雕，金石刻本，東武江夏以後所未有"。七月三十日，饒星舫自鄂渚寄來籤樣，訛字均已改正，唯李丕旦之"旦"字誤爲"亘"，削去上橫即可付印。十二月初十日，葉昌熾整理書架，已提及上有《邠州石室録》十八部，即在十二月之前書已完成印刷。

以上即爲《邠州石室録》成書過程之簡述。如葉昌熾"自序"所言，從其初接觸邠州大佛寺題刻的光緒丁亥年（一八八七）到《邠州石室録》最終刻成的一九一六年，"回溯將逾三十載"。葉昌熾從宣統辛亥年（一九一一）八月依據拓片勾摹、題跋〔一七〕，到一九一二年十月待校刊付梓，歷時一年有餘；四年後，書始印製完成。該書的成書年代實爲一九一六年。當下所談該書成書年代皆言一九一五年，當是依據"邠州石室録序"文末"乙卯（一九一五）立秋後三日吳興劉承幹識"所定，或誤。

五　《邠州石室録》之缺憾

《邠州石室録》之價值前文已細述，此處不再贅述。作爲距今百餘年前的撰述，必然打上時代的烙印，有其歷史局限性。概而論之，《邠州石室録》之缺憾如下：

首先，葉昌熾對邠州大佛寺的題刻雖已盡可能纖毫畢肖，更由"刻書聖手"饒星舫寫樣，但畢竟不如原石、拓片之直觀、準確。尤其唐代題刻漫漶極爲嚴重，殘缺部分依樣勾摹，今觀之眼花繚亂，可視性極差。《緣督廬日記抄》中，一九一六年《邠州石室録》好寫精雕、刻成之後，葉昌熾言"但金玉其外，敗絮其中，爲可愧耳"〔一八〕，雖爲其自謙，于題刻尤其唐代摹刻來説亦是實情。

其次，葉昌熾對邠州大佛寺題刻的考訂雖頗爲精審、矜慎，然徵引唐代職官制度的相關文字多有訛誤，如葉昌熾言《舊唐書·職官志》中大夫爲正五品上，實爲從四品下；其他參軍事、朝散郎、通直郎等較多唐職官等級多誤。不知這些訛誤源于葉昌熾所徵引《舊唐書》版本問題，還是因個人誤記、誤讀所致。其他徵引古籍文獻方面，或有小的訛誤；另，刻版中"己""已""巳"多混用。

　　當然，這些小的訛誤無關宏旨，指出這些缺憾也絲毫不影響《邠州石室錄》的價值。該書因時代原因造成的缺憾及部分訛誤，需要今人整理、標點、校注以作補正、勘誤。識讀題刻原文，以葉昌熾該書中對題刻的勾摹爲基礎，參照原石、拓片，訂正、補充。對于所徵引文獻、題刻題名，一一核覆原文，標注出處，改正訛誤。以方便學人利用這些題刻及葉昌熾的考訂成果。

六 《邠州石室錄》校注之凡例

　　（一）原書題刻文字部分換行均以"/"標示，末尾亦以"/"標示。整理時頁右、頁左中間及換頁均空一行，以方便讀者核校原書。題刻文字部分不分段，因其或內容殘缺，無法分段；或內容較少，無需分段。題刻文字與葉昌熾跋語之間空兩行。葉昌熾跋語及其他文篇按照文意、句意分段處理，不再標注原文頁號、行號。分行者即按另起一行處理。行未滿而另起一行者，根據句意連貫性取消分行，如因尊佛、尊皇而提行，取消分行并空一格標示。原文中少量空格則仍保留空格。

　　（二）文字參酌題刻、拓片校對，除此書明顯殘損難辨、勾刻錯誤處，其他徑改正確字。缺字、無法釋讀字以"□"標示，其他殘損而未能增補者以"……"標示。增補文字在正文中"□""……"之下以"（ ）"標示；明顯殘損難辨、勾刻錯誤處及訛誤字徑以"〔 〕"更正；衍字以"（ ）"比正文小一號字標示；其他注釋以"〔 〕"比正文小二號字并加粗標示，文後出〔注釋〕〔校注記〕；不確定或有疑處，字後以"〔?〕"標示。

　　（三）原文中的"上闕""下闕"、前後空格標示，位置不變；原書小字，整理時亦保持小字。異體字，一般徑改通行繁體字。對個別異體、俗體字在注脚中標注，并各以"通""同"標示。因避諱而缺筆者，正文中徑改原字。武周所造之字正文中徑改本字，首次出現的則出校注記。避諱字以"〔 〕"改本字，首次出現的亦出校注記。

　　（四）爲方便查閱，正文原有干支紀年後括弧內加公元紀年。爲方便不同版本查閱，注脚中一律標注詳細卷數及子目。所徵引經部文字，若無爭議，不標注版本；其他則標注版本信息。有點校本者，引用點校本，參照其他刻本；無點校本者，基本選擇《景印文淵閣四庫全書》。所引文之著、撰、編、輯等信息皆從徵引版本。頁碼標注上，古籍文獻"頁"字在前，現代文獻"頁"字在後。

　　（五）〔注釋〕〔校注記〕注釋按照現代注釋方式。

注釋

〔一〕寫樣及雕版情況，在葉昌熾《緣督廬日記》中有詳細記載。關于此，在下文"四《邠州石室錄》成書過程小考"　　中會有進一步論述。

〔二〕《中華圖書館協會籌備參加國際圖書館會議報告》，《中華圖書館協會會報》（第四卷 第五期），民國十八年（一九二九）

四月三十日，第十七頁；影印收録于中華圖書館協會執行部編輯：《中華圖書館協會會報》（第一册），北京：國家圖書館出版社，二〇〇九年版，第五二七頁。

〔三〕葉昌熾個人生平詳見尹潔《葉昌熾年譜》，河北大學二〇一二屆碩士學位論文。

〔四〕清·趙爾巽等撰《清史稿》卷一百五十二“志一百二十七 藝文二 史部 金石類·《邠州石室録》三卷”，民國十七年（一九二八）鉛印本，頁三十一。《續修四庫全書》第二九七册，上海：上海古籍出版社，二〇〇二年版，第四十頁。

〔五〕清·葉昌熾撰《邠州石室録》，北京：文物出版社，民國四年（一九一五）影印版，一九八二年版。

〔六〕見（臺灣）新文豐出版公司編輯部編《石刻史料新編》（第二輯 第一五册），臺北：新文豐出版公司，一九七九年版，第一〇九二九至一一〇二五頁。《續修四庫全書》第九〇九册，上海：上海古籍出版社，二〇〇二年版，第二七一至三六五頁。

〔七〕根據《緣督廬日記》可知，劉承幹撰“邠州石室録序”實爲葉昌熾代寫。見下文“四《邠州石室録》成書歷程考”“附録《緣督廬日記抄》中《邠州石室録》的相關文字鈎稽”。

〔八〕吳郁生（一八五四至一九四〇），字蔚若，號鈍齋，清大臣，清末民初著名書法家。參閱俞劍華編《中國美術家人名辭典》，上海：上海人民美術出版社，一九八一年版，第二九三頁。按，據《緣督廬日記》可知，葉昌熾二十二歲與吳郁生初識，二人交往達四十年之久。

〔九〕有以下題刻：“温室洗浴衆僧經”“行臺州司馬李齊造象”“崔貞臣造象”“馮秀玉造象”，見原書卷一，頁一、二十五、三十四、三十七；“韓稚圭、尹師魯題名”“阿彌陀象贊”“錢受之題名”，分别見原書卷二，頁四、二十一、九十四；“張瓮吉刺歹裝象題字”“殘裝象題字”“察罕祝天祐裝象題字”，分别見原書卷三，頁十六、十七。對于這類摹刻，影印版中或是占用天頭紙面，或是單獨占用一頁空間。

〔一〇〕見後文“太原王稷等題名”，原書卷二，頁二十。

〔一一〕見後文“附録 《緣督廬日記抄》中《邠州石室録》的相關文字鈎稽”，光緒丁未（一九〇七）三月廿七日，卷十三，頁九。

〔一二〕據《緣督廬日記抄》可知，葉昌熾作跋始于清宣統辛亥（一九一一）十一月，終于民國壬子（一九一二）十月，前後斷續計一年。其年葉昌熾六十三歲左右。作跋情况詳見後文“附録 《緣督廬日記抄》中《邠州石室録》的相關文字鈎稽”。

〔一三〕見後文“元□造像”，原書卷一，頁十九、二十；“史世則、馬清題名”，原書卷二，頁三十一、三十二。

〔一四〕見後文“進士辛九皋題名”，原書卷二，頁八十。

〔一五〕清·葉昌熾著，王季烈節録《緣督廬日記抄》卷一“庚午（一八七〇）孟冬閏月”，民國二十二年（一九三三）石印本，頁一。《續修四庫全書》第五七六册，上海：上海古籍出版社，二〇〇二年版，第二九九頁。

〔一六〕見後文“附録 《緣督廬日記抄》中《邠州石室録》的相關文字鈎稽”。

〔一七〕葉昌熾依據邠州大佛寺拓片所作勾摹、題跋的過程較爲細緻，具體的某日勾摹某一題刻、某日題跋某一題刻，詳見後文“附録 《緣督廬日記抄》中《邠州石室録》的相關文字鈎稽”。

〔一八〕見後文“附録 《緣督廬日記抄》中《邠州石室録》的相關文字鈎稽”。

目　録

卷一　唐

自序

邠州，古新平郡，與涇接壤。距城西二十里有大佛寺，即唐之慶壽寺也。石室纍纍，皆唐、宋、元人題刻〔一〕。

同治間，吾鄉吳愙齋中丞視學西陲，劫後有隴輈〔二〕。自許仙屏河帥始中丞時〔三〕，關、隴尚未分闈。橫舍三年校士，兩省僅一使者。例以一年駐蘭州。邠為通道，行李往來，皆憩息于此。中丞既以試事，不遑啓處〔四〕，行囊又未携。氈蠟、摩挲古刻〔五〕，望羊〔洋〕興嘆。但擇其字清朗者，手録之。顧以岩竇窈冥、苔封塵積，什不能得其二三。其後十有餘年，至光緒丁亥（一八八七），昌熾以游幕寓羊城。中丞亦自甯古塔移節而南，出篋中舊槀，鄭重相授。紙敝墨渝，又多訛奪。歲月、姓字，蓋闕如也，無從考釋而罷。

其後又五年，昌熾始通籍，在詞館。同列先後出甘輈，貽書求物色，僉云：邠州為陝疆，鄰封安得而越俎。又十餘年，歲在壬寅（一九〇二），昌熾始被命度隴。既至邠，出西郭，逶迤循涇水，十里為水簾洞。又十里，即此刹。登閣瞻禮。是日，驛程在亭口，尖宿于長武縣城。悠悠山川，前行尚遠，周覽未畢，而僕夫已催發矣。不得已謀諸寺僧，但唯唯。

又四年，屆兩瓜期、歲科，按部三至涇。而寺僧始以拓本來，越高原二百里，重趼打包。不愆宿諾，游方之外，吾見亦罕。即畀以二十四金，未償其勞也。今歸里，又將十年所。始出藏本、著録，共得唐二十二通、宋六十四通、金一通、元十六通，都百有三通。排纘厘訂，又一年而脱槀。

歲月不居，嶺海舊游，回溯將逾三十載。寤寐思服〔六〕，親至索靖碑下，僅而得之。既逐録之，又審釋之。蓋如是，其専且久也。惜中丞墓草已宿，不及商榷。俯仰黄壚，喟焉太息。其中如王堯臣、蔡延慶、李丕旦諸刻，皆于無文字處鈎稽而出，不可謂非愚者之一得。然宋自政、宣而後，遼亡金警，西事已鞭長莫及。柱下藏書〔七〕，語焉弗詳；偶獲孤證，亦有杞宋無徵之嘆。宋人題字，大都皆其郡大夫及從游幕僚。插架又無《邠州志》，課虛責有〔八〕，非闕則訛；舉燭為隱，貽譏方雅。徒以用力既勤，敝帚自享。日月逝矣，邁征未已，垂暮餘年，尚思刊其野言，補而正之。世有顯而好古，如歐陽公不以菅蒯見弃。篳路藍縷，願為前馬。

歲在元〔玄〕黓困敦〔九〕十月二十五日，緣督〔一〇〕自書于奇觚廎。

校注記

〔一〕邠州大佛寺中尚有不少明、清題刻。此自序中未提明、清題刻，或因《邠州石室録》未選録。

〔二〕吳大澂（一八三五至一九〇二），字止敬，晚號愙齋，江蘇吳縣（今江蘇蘇州）人，清官員、學者、金石學家、書畫家。同治十二年（一八七三）奉旨任陝甘學政，時年三十九歲；後光緒二年（一八七六）改爲陝西學政；參閱顧廷龍著《吳愙齋先生年譜》，哈佛燕京學社出版，民國二十四年（一九三四）三月，第四五、六一頁。“劫後”之“劫”當指第二次鴉片戰争（一八五六至一八六〇）。

〔三〕許振禕（？ 至一八八九），字仙屛，曾任陝甘學政（在吳愙齋之前）、時任河道總督等職。

〔四〕典見《詩·小雅·四牡》：“王事靡鹽，不遑啓處。”意指來不及安居。

〔五〕學者引用該句時，多斷句“行囊又未携氈蠟，摩挲古刻”，或有誤。因葉昌熾著《緣督廬日記抄》記載其整理吳愙齋先生所贈拓本中有邠州大佛寺的題刻：“（四月）十二日中丞送來拓本二十四種，以于孝顯碑、隆闡法師碑、元思叡、雲景嘉造像記見贈。”其中元思叡造像記、雲景嘉造像記皆爲邠州大佛寺唐人造像記。見後文“附録《緣督廬日記抄》中《邠州石室録》的相關文字鈎稽”。

〔六〕典出《詩·周南·關雎》：“求之不得，寤寐思服。”意爲輾轉反復、日夜思念。

〔七〕柱下：史載老子曾爲周柱下史，後以“柱下”代指老子或老子《道德經》。此處應指宋代關于西陲方面史書。

〔八〕典出西晉陸機《文賦》：“課虚無以責有，叩寂寞而求音。”

〔九〕元黓即天干之“壬”，困敦即地支之“子”。出《爾雅·釋天》：“（太歲）在壬曰玄黓。”“（太歲）在子曰困敦。”元黓困敦，即壬子年（一九一二）。

〔一〇〕葉昌熾晚號緣裻廬主人。裻，現一般寫作“督”。

《邠州石室録》序

　　金石簿録，歐、趙尚矣。乾嘉以後，作者如林。平津一録，囊括紘宇。畢《關中》《中州》、阮《山左》《兩浙》、翁《粵東》、謝《粵西》諸家〔一〕，皆以一行省爲區域；下至一郡一邑，南如江寧，北如常山，中原如安陽、偃師，亦皆有專書，與地志相表裏。

　　然余所見，無如長汀之《蒼玉洞》一卷〔二〕之石。其爲地也幾何，而劉燕庭方伯獨輯而録之。好寫精雕，一如其所纂《三巴香古志》〔三〕之例。吾鄉姚彥侍方伯有《石魚題名》〔四〕，考所謂石魚者，亦夔、巫江中一石耳。惜方伯歸道山後，雲烟散落，其書佚不傳。長洲葉鞠常先生，比年避地海濱。過從論學，知其奉使隴皋，時過邠州，游大佛寺，得唐、宋石刻百餘通；歸田後手摹其文字，又繫以考釋，成《邠州石室録》三卷。

　　邠州爲古新平郡，其地當關、隴之交，緇車軺傳，往來不絕。朝發郡城，夕宿長武，而此刹適爲中頓。士大夫登臨流覽，視若無睹，而先生獨能于倥偬于役之交，盡發其寶藏。知世間文字，顯晦固有其時，尤必待其人而後出也。顧先生欿然不自足，嘗告余曰：隴右唐、宋以後，淪于戎索，惟環、慶、涇、原諸郡爲邊帥駐兵之地〔五〕。建炎南渡，階、成、秦、鳳〔六〕尚未折而入于金，此兩地間有宋刻。

　　又聞崆峒之軒轅宮〔七〕及秦之麥積岩〔八〕，摩崖林立。以非簡書所經之地，未能規往。氈椎物色，寂寥無幾。又咨嗟而言曰：最可惜者，莫如敦煌之莫高窟也。敦煌距嘉峪關外四百里爲安西州〔九〕，屬學使者行部〔一〇〕。西不越肅州〔一一〕，但于安西士子詣肅就試者，輒加咨訪。皆言窟在千佛山，數年前岩扉崩陷，一石室豁然洞開，中有石榻，庋畫像經卷甚多。僅從汪栗庵大令〔一二〕及同年某校官得唐、宋石刻、畫像、寫經五六卷，其餘不知所歸矣。關外人文樸僿，無能任摣訪之役，悵怏而返。比使旋甫解裝，即聞第二洞又啓，驚人之秘笈，積薪居上，何啻什伯，皆爲外人橐載而去。海上所印《敦煌石室録》〔一三〕，閱之令人增嘆。惜使車之未出關也。

　　先生之言如此，余曰是則然矣。然則邠州諸刻幸不終閟，又幸而得著于録，其可秘枕自玩哉。因爲寫梓，以詒同好，更以拓本參校。無年月中尚有檀峪王鴻業、蜀范文光兩通，書法皆精整，而此録未收。滋以爲疑，先生曰：邠州姜嫄公劉廟碑後有崇禎六年（一六三三）川西范文光謁廟題字，而王鴻業結銜爲陝西軍政都指揮前游□將軍，亦不類宋、元戎秩，皆明刻也，故從闕如。其矜慎又如此！

乙卯（一九一五）立秋後三日吳興劉承幹〔一四〕識。

校注記

〔一〕 畢、阮、翁、謝指畢沅、阮元、翁方綱、謝啓昆。此諸家及其撰述分別是：畢沅撰《關中金石記》、編《中州金石記》，阮元輯《山左金石志》、編《兩浙金石志》，翁方綱輯《粵東金石略》，謝啓昆輯《粵西金石略》。

〔二〕 清·劉喜海等編撰《蒼玉洞宋人題名》，道光十四年（一八三四）東武劉氏味經書屋刻本。後以《蒼玉洞題名題刻》爲名影印收錄于（臺灣）新文豐出版公司編輯部編《石刻史料新編》（第三輯 第二冊），臺北：新文豐出版公司，一九八六年版，第一〇九至一三四頁。劉喜海（一七九三至一八五二），字燕庭，清金石學家、藏書家。按，蒼玉洞闢于唐，毀于抗日戰争及中華人民共和國成立後炸山燒石灰。

〔三〕 清·劉喜海編《三巴𥐑古志》又名《三巴金石苑》《三巴漢石紀存》《金石苑》，約道光戊申年（一八四八）刻。以《金石苑》名影印收錄于（臺灣）新文豐出版公司編輯部編《石刻史料新編》（第一輯 第九冊），臺北：新文豐出版公司，一九七七年版，第六二三一至六五九四頁。

〔四〕 姚覲元(約至一九〇二)，字彥侍，曾任廣東布政使，清學者、目錄學家、藏書家。《石魚題名》原名《涪州石魚題名記》，光緒乙未年（一八九五）刊于什邡。

〔五〕 元·脱脱等撰《宋史》（第十四冊）卷一百八十七“志一百四十 兵一（禁軍上）”：咸平四年（一〇〇一）“五月，命使臣分往邠、寧、環、慶、涇、原、儀、渭、隴、鄜、延等州，于保安、保毅軍內，與逐處官吏選取有力者共二萬人，各于本州置營，升爲禁軍，號曰振武指揮。”北京：中華書局，一九七七年版，第四五七三頁。

〔六〕 階、成、秦、鳳指階州、成州、秦州、鳳州。參閱譚其驤主編《中國歷史地圖集》（第六冊 宋·遼·金時期），北京：中國地圖出版社，一九八二年版，第二十、二一、四四、四五、五七、五八頁。

〔七〕 即今甘肅平凉崆峒山之道觀軒轅宮，又名問道宮，源于傳說中黃帝向廣成子問道。此處指涇川回山王母宮石刻，此地石刻數量頗多，收錄于民國時期張維編《隴右金石錄》，因後文及注釋中有較多引用，此處暫不過多贅注。

〔八〕 即今甘肅天水麥積山，古爲秦州，故又名秦州麥積山石窟，爲中國四大石窟之一。此處指麥積崖題刻。麥積崖題刻數量頗多，見民國時期張維編《隴右金石錄》“北周 麥積崖佛龕銘、麥積山摩崖一”“隋 麥積山摩崖二”“唐 麥積山摩崖三”，民國三十二年（一九四三）校印本，頁四九、五三、六二、五八、五九；收錄于（臺灣）新文豐出版公司編輯部編《石刻史料新編》（第一輯 第二十一冊），臺北：新文豐出版公司，一九七七年版，第一五九七七、一五九七九、一五九八三、一六〇一二、一六〇一三頁。按，隴右金石錄成書較晚，涇川回山王母宮石刻、北周麥積崖石刻或爲葉昌熾所親見。

〔九〕 安西州，清甘肅州名，轄區範圍在今嘉峪關市至高臺之間。參閱譚其驤主編《中國歷史地圖集》（第八冊 清時期），北京：中國地圖出版社，一九八七年版，第二八、二九頁。

〔一〇〕 按，葉昌熾在一九〇二年二月被任命爲甘肅學政，六月赴任，巡視各處，一九〇六年被撤職。

〔一一〕 肅州，今酒泉，即葉昌熾向西并没有越過嘉峪關地區而到達敦煌。

〔一二〕 汪宗翰（一八四五至一九二〇），號栗庵，辛丑（一九〇二）鄉試同考官，調補敦煌縣知縣。

〔一三〕清·王仁俊輯録《敦煌真迹石室録》、羅振玉編《敦煌石室遺書》等，皆編撰輯録于清宣統元年（一九〇九），
因見伯希和携部分敦煌寫本至北京。其後更有其他編著。文中言"海上所印"，或另指他書。

〔一四〕劉承幹（一八八一至一九六三），字貞一，號翰怡、求恕居士，晚年自稱嘉業老人。浙江吴興（今湖州）
南潯鎮人，近代著名的藏書家與刻書家，建有嘉業堂藏書樓，藏、刻書六十萬卷、二十萬册。

游邠州大佛寺記

邠、涇之間，高原嶻嶪。右隴左秦，岩疊鎖鑰。嗚咽溝水，出巨峽而彈箏；潯洞邊塵，挾流沙而入甕。

僕以壬寅（一九〇二）初夏，弭節西邁。自渭爲梁，于豳斯館〔一〕。津吏馬首，山川能説〔二〕。疊錯犬牙，井邑相望。巍然高閣，鬱舮棱而特起者，古之慶壽寺也。布金在地，出自東陵故侯〔三〕；鑿石爲軀，逾于西域真象。一佛二尊者俠侍〔四〕，其高八丈五尺。一體一堪〔五〕，一堪一級。自頂至踵，浮屠五成。承溜中空，若穿屋漏。衛以欄楯，俯窺井幹。雙林〔六〕趺坐，忽聞獅子吼聲；兩廡翼張，有如鳥數飛狀〔七〕。

其地前臨遠市，後倚巉岩。崖竇谽開，谾谺壁立。導者告余曰：此皆僧寮也。蓋以一布肘地，因山起刹。海衆雲集，無以安禪。鑿坯而遁，本陶穴之古風；拾級可登，有檜巢之遺製。石膚欲雨，森若砭肌；徑髮如雲，劣僅容趾。安石床而挂錫，密若蜂栖；攀鐵綆以爲梯，捷于猱附。始知一粒粟中，果有世界。但容蒲團，即能説法。藐茲藕孔，亦可藏身。

周覽石室，黝無日光。四壁題名，間以造象。當畫秉炬，捫苔蘚而讀之。般若梵文，斷自金輪之歲〔八〕；與可題字，證諸玉局之詩。唐、宋以來，千有餘祀。歐、趙諸家，迄未著録。良以邊郡僻左，椎拓既尠；岩洞窈深，可蔽風雨。寶藏未泄，石壽能延。惜乎志乘無稽，簡書可畏。宗門談帚，但憑老衲臨風；書苑譏觕，難比右軍《快雪》。

于是登高遐矚，喟然舒嘯。陟則在巘〔九〕，逝者如川。其川涇汭，考職方之古訓；自土沮、漆，溯公劉之始基。廣武高原，亦曰宜禄。菴店後臨，蕭關前控。崔嵬如削，塞丸泥而可封。栲栳爲圈，引車輪而欲轉。昔唐太宗破薛舉于淺水原，即其地也。荒烟斷甃，廢壘猶存；落日哀笳，碉樓尚峙。此一界相即古戰場，後有來者，視爲傳舍。偉哉，金仙氏之教也。夫以鄂公材武，遭際英主。嘆嗒宿將，既兵符之在握；馳驅暮年，猶橫槊以爲雄。而乃解韜息機，皈心净土；藍田罷獵，是故將軍紺宇檀施爲功德主。招提奉佛，近依黃竹爲鄰；導引游仙，托言赤松招我。豈惟回響，是真見幾。至于涇原諸帥，籌筆臨邊。華州兩生〔一〇〕，弃繻出塞。籠紗在壁，曾聽飯後鐘聲〔一一〕；捧硯登樓，更俟童隅燭跋〔一二〕。酒酣以後，墨瀋橫飛，年月、姓名，大書深刻。即今三垂晏然，刹竿不墜。有客信宿，載石癖而俱來；我佛慈悲，屹金身而不壞。其西一室，埽地爲墠，如馬鳴王別開道場。一鷄飛地，等于鄰比。大巫、小巫爲喻，識者哂之。一佛千佛同歸，適焉至此。望川塗其尚悠，揖山靈而言別；黑水湯湯，方舟而濟。芮鞫既即〔一三〕，亭口中頓。憑軾抽毫，書付小史。

時維光緒二十八年（一九〇二）四月十有四日也。

校注記

〔一〕　爲梁：渡江架橋意。出自成語黿鼉爲梁，傳說周穆王東征，大肆捕殺黿鼉，填河架橋。于豳斯館：在豳這個地方建造宮室，出自《詩·大雅·公劉》"篤公劉，于豳斯館"。此代指過河、住宿。

〔二〕　山川能說，爲《毛詩傳》"九能"之一，說爲文體，即能見山川而闡發、議論。

〔三〕　布金在地：用金葉鋪滿地，代指開鑿的石窟寺。典故源出中印度波斯匿王治下須達誠信禮佛，以金葉子鋪滿地購買舍衛城太子祇園作爲修行、傳法之地，太子感其心誠而合建精舍，名爲祇樹給孤獨園。東陵故侯，此處代指有智慧的人。典故源出秦東陵侯邵平，邵平于秦始皇時封爲東陵侯守衛秦始皇父母陵墓；秦亡後，在長安城東種瓜爲生，極富政治頭腦，曾爲蕭何謀略，見《史記·蕭相國世家》。

〔四〕　俠，通"夾"；俠侍，今多作"脅侍"。

〔五〕　堪，同"龕"。此處指一造像一造像龕。

〔六〕　雙林：代指釋迦牟尼、寺院，出自北魏楊衒之撰《洛陽伽藍記·法雲寺》。此處爲寺院意。

〔七〕　如鳥數飛：出自南宋朱熹《四書章句集注》："習，鳥數飛也。學之不已，如鳥數飛也。"此處意指佛法不斷傳播。

〔八〕　此句意爲：佛法開始于釋迦牟尼出家不做轉輪聖王之日。婆羅門智者言釋迦牟尼二十九歲時在家便爲轉輪聖王，若出家則爲廣濟天下之人；釋迦牟尼二十九歲出家，開創佛教，佛法廣爲流傳。根據後文來看，此"金輪"亦可能指武則天稱帝，武氏大周長壽二年（六九三）九月，加尊號金輪聖神皇帝；第二年（六九四）五月加尊號越古金輪聖神皇帝，第三年（六九五）正月加號慈氏越古金輪聖神皇帝。

〔九〕　陟則在巘：登上高山。出自《詩·大雅·公劉》"陟則在巘，復降在原"。

〔一〇〕弃繻：放弃出入關卡的憑證，意指決心立功關外，源出西漢終軍。此處華州兩生，一指終軍，另一待考（或是宗慤）。

〔一一〕唐代王播年少家貧，在揚州惠昭寺木蘭院借讀，日久僧人厭煩，提早吃飯，等鐘聲響起再來吃飯時，飯已無。後出任淮南節度使，鎮守揚州，重訪惠昭寺，發現先前題字牆壁浮塵已被清除，題字也有上好的碧紗籠罩保護。遂題詩："上堂已了各西東，慚愧闍黎飯後鐘。三十年來塵撲面，如今始得碧紗籠。"

〔一二〕童隅燭跋，意指童子在側侍奉。燭跋：樹立蠟燭的底座。五代蜀·王仁裕撰《開元天寶遺事》卷二"燭奴"，頁二："（申王）每夜宮中與諸王貴妃聚宴。以龍檀木雕成燭跋童子，衣以綠衣袍，繫之束帶，使執畫燭，列立于宴席之側，目爲燭奴。"《景印文淵閣四庫全書》，第一〇三五冊，第八五〇頁。

〔一三〕芮鞫既即：岸邊已經到了。源出《詩·大雅·緜》："止旅乃密，芮鞫之即。"

邠州石室録（目録）

吴郡葉昌熾輯釋
吴興劉承幹校訂

仏〔四〕弟子馮秀玉造一仏二菩薩象 ^{乾元元年（七五九）十月十五日 真書}

京兆人李秀喆題名殘字 ^{大歷二年（七六七）下闕 真書}

應福寺西閣功德記 ^{開成元年（八三六）十一月十三日 鄉貢進士張居簡撰 行書，右行}

幽州司馬房宣造象 ^{無年月 審筆勢亦闕，天以前刻 真書}

解禮君式題名 ^{丁酉二月廿一日 審筆勢似唐刻 真書}

目二

樞密直學士、新知渭州兼管句涇原路部署公事王沿題名 ^{康定二年（一〇四一）辛巳春二月七日 真書}

借職趙威題名 ^{康定二年（一〇四一）季春十四日 真書}

韓稚圭、尹師魯題名 附李純、毋敦仁、楊懋、宋諮觀款 ^{康定二年（一〇四一）三月十五日 真書 續題無年月。行書}

伯庸題名 ^{康定辛巳（一〇四一）季春二十一日 真書，右行 考爲王堯臣}

尚書刑部員外郎、直集賢院滕宗諒題名 ^{即在前題之下，緊接"同至"二字，雙行刻。不題年月，但曰"繼至"、曰"後二日"，皆承前題而言，當爲康定二年（一〇四一）三月二十三日 真書}

王沖題名 ^{慶歷〔曆〕壬（一〇四二）午首冬 真書}

都漕內閣程戡、鹽鐵副使魚周詢、宮苑使周惟德題名 ^{慶歷〔曆〕四年（一〇四四）孟夏三日 真書}

天章閣待制王素題名 ^{慶歷〔曆〕乙酉（一〇四五）五月六日 行書}

義渠監兵、供奉官張翼題名 ^{慶歷〔曆〕五年（一〇四五）五月廿三日午時 真書}

太原王稷、下邳余藻、潁川陳拱德、彭城劉邃、虢略楊承用、江夏李周題名 ^{慶歷〔曆〕六年（一〇四六）冬至日 真書}

阿彌陀〔五〕象贊并序 ^{上闕 年秋八月十有五日，壬寅 紀年雖泐，據文中"行軍司馬、晉陽縣開國子王公名稷"云云，即附稷題名之後，太原刊字武懷寶 真書，右行}

德順通理李查題名 ^{慶歷〔曆〕下闕 月二十 下闕 真書 "李"下是"丕旦"二字，草押}

李查題名 ^{無年月。因上李查附此 真書}

劉几、廖浩然、楊禹圭、裴子良、胡拱辰、李之才題名 ^{皇祐二年（一〇五〇）三月一日薛周題 真書}

通判鄧永世、巡檢趙青、知縣閭仲甫、判官文同、書記賀撫辰、推官李育題名 ^{至和二年（一〇五五）三月六日 真書，右行}

東頭供奉官史世則、西頭供奉官馬清題名 ^{至和二年（一〇五五）五月六日 真書，右行 里人武懷寶刊 高行者捧硯}

曹穎叔秀之題名 ^{嘉祐己〔己〕亥〔六〕（一〇五九）寒食日 真書}

太原陟景昇題名 ^{嘉祐伍年（一〇六〇）五月十一日 真書}

廣平宋永之、弟孝之題名 ^{甲辰九月十有七日 按，熙寧丙辰（一〇七六）宋唐輔題名"觀前太守叔父二公題刻"當即指永之、孝之也。以熙寧丙辰上推第一甲辰爲治平元年（一〇六四）真書，右行}

无〔元〕老、廷老、介夫題名 ^{治平乙巳（一〇六五）三月十九日 夢得題、美之預 真書，右行}

朱冶梅叔、弟杭鵬舉題名 治平丙午（一○六六）季冬
二十三日 真書，右行 剥泐

仲遠題名 治平四年（一○六七）三月□日
考爲蔡延慶。真書，右行 剥泐

曹起仲昌、元防微仲題名 熙寧戊申（一○六八）
季夏中旬日 真書

智周題名 附佺頓刊石題名 又附杜良臣題名 皆無年月。頓題在後，云"二叔太尉親筆題字"，智周當即太尉之名。其題云"再經
此"，當尚有一題在前。今前一通爲杜良臣題名，疑其磨治冪刻，下有泐文一字，似

"游"似"遇"，尚隱約可見。又按，熙寧安頓題名有"四路往復，幾三紀，常游慶壽"
之言，此"頓"爲安頓之"頓"無疑。故列于熙寧之首 真書 考得智周爲安俊之字。

安頓題名 熙寧戊下闕 按，熙甫〔寧〕元年值戊午〔申〕〔七〕，越十年下至元豐元年（一○七八）爲戊申〔午〕〔八〕。此
"戊"字，非元年戊年，即元豐元歲（一○七八）尚未改元之日，亦得爲熙寧十一年（一○七八）也 真書

河南劉宗杰、宗韓、宗度題名 乙酉二月初三日 附熙寧二年
（一○六九）真書，右行

洛陽楚建中正叔題名 熙寧壬子（一○七二）
八月九日 真書

范恢仲微題名 熙寧壬子（一○七二）
冬十月七日 真書

洛陽宋唐輔題名 熙寧丙辰（一○七六），歲中秋晦日 弟廷老書。右行 按，文云"觀前太守叔父二公題刻"，疑即指宋永之、
孝之同游一石，此刻當在其後。又按，治平乙巳（一○六五）無老題名，次爲廷老，與此題書人廷老疑爲一人。

戴天和、李思齊、張幾聖題名 元豐己未（一○七九）
三月十八日 真書，右行

鄆城李孝廣世美題名 元豐己未（一○七九）
七月九日 真書，右行

蔣之奇題名 元豐二年（一○七九）
十一月十三日 行書 附周天倪續題 後七年
行書

晋原張太甯題名 元豐壬戌（一○八二）
人日 行書右行

王戩仲文、种師中端孺、李相□叔題名 元豐七年（一○八五）五
月七日 真書 漫漶已極

濠梁張行中、洛陽李行之題名 元豐八年（一○八六）
九月七日 行書，右行

高平范純仁堯夫題名 年月泐 附元豐八年
（一○八六）篆書

張守約希參題名 丙寅五月廿六日 考爲元祐
元年（一○八六）行書

濰陽王雍聖欽、洛中李惇義行之題名 元祐丙寅（一○八六）
七月十九日 行書，右行

濰陽蹇孺、洛中愚叟説偈 無年月 附元祐元年（一○八六）
真書 佛偈兩行，跋小字四行

殘題名 戊辰歲八月初四日 真書右行 僅存後二行。前爲明嘉靖馬汝驥冪刻剜損。"弟
季廣偕至"五字尚略可辨，"季"下一字亦泐。 附元祐三年（一○八八）

安陽王舉題名 元祐六年（一○九一）三月廿日 真
書一行十字，年月小字雙行，右行

晋陵周天倪聖和題名 元祐辛未（一○九一）歲七月廿七日 真書。年月
小字雙行在下，"廿七"上旁注"十一"兩字。

河南范棟直夫題名 元祐壬申（一○九二）
歲除日 真書

河南張重威父、大梁王需子正、長安燕默道藏、終南陳雄武仲題名 紹聖改元（一○九四）閏
夏二十日 真書，右行

劉淮題名 紹聖乙亥（一○九五）五月十六
日 篆書右行 年月雙行小字

進士辛九皋刻字、田利用題名 丙子八月十七日 附紹聖三年（一○九六）真書
據李查題名"進士王因"，定爲宋人刻

趙尚題名 紹聖戊寅
（一○九八）歲 行書

李寬文饒，寺僧從顯、從忍題名 ^{己卯七月廿一日 考爲元符二} 年（一〇九九） 真書，右行

殘題名 ^{政和五年（一一一五）} 六 下闕 真書，荒率

隴西朋甫題名 ^{重和己亥（一一一九）} 孟夏念六日 行書，右行

宋仲宏游慶壽寺詩，用少陵登慈恩塔韵 ^{宣和三年（一一二一）} 十月十有二日 行書

高郵秦□題寶勝佛象 ^{宣和三年（一一二一）} □月戊日 行書

仇鐔、高安中、王伯虎、李景雲、陳甯之、李覯、康佑、康誼題名 ^{宣和壬寅（一一二二）} 九月十四日 真書，右行

閬中蒲慶隆光裔題名 ^{宣和壬寅（一一二二）} 初冬旦日 行書，右行

張植邦材題名 ^{宣和四年（一一二二）} 季 下闕 真書，右行

錢受之題名 ^{宣和癸卯（一一二三）} 三月望日 真書，右行

錢受之題名 ^{無年月附} 此 真書

光禄卿陳述古題名 ^{無年月 真書} 以下無紀元

宇希、大同、雲鵬題名 ^{無年月，篆} 書，右行

殘題名 ^{無年月 真書 存"舍人親筆題名"六字。上闕題名，} 下兩字漫漶。接"刊石"二字似有所諱，而磨去之。

了然獨游詩 ^{無年月} 草書

劉堯咨題名 ^{無年月} 真書

王君佐題名 ^{無年月 僅四} 字。真書，右行

目三

傅幾先題名 ^{正隆辛巳（一一六一）季夏} 中休日真書 年月雙行在下

安西府西子城江孟燕題名 ^{至元廿五年（一一八九）} □月十八日 真書

總帥府奏差董祐題名 ^{延祐七年（一三二〇）} 四月 行書

光禄大夫、平章政事伯都裝象題字 ^{歲在甲寅 真書以下但} 有甲子，無紀年月日

上闕 政事朵爾赤裝象題字 ^{時歲癸} 酉，真書

禮店居住文伯顔裝象題字 ^{時歲癸} 酉，真書

裝象殘題字 ^{時歲癸酉 真書 僅泐存} "一尊"二字。上皆闕

忠翊校尉、邠州達魯花赤兼管本州諸軍奧魯、勸農事俺普殘象題字 ^{時歲甲} 戌，真書

承直郎、同知邠州事伯顔裝象題字 ^{時歲甲} 戌，真書

邠州新平縣達魯花赤閭閭裝象題字 ^{時歲甲}...

邠州新平縣達魯花赤閭閭裝象題字 時歲甲戌, 真書

省除邠州吏目尉温福裝象題字 時歲甲戌, 真書

本州池彦文裝象題字 無年月 真書以下并不紀干支

忠翊校尉、甯州判官張瓮吉剌歹裝象題字 無年月, 真書

中奉大夫、宣政院副使兼同知延慶司事 下闕 裝象題字 無年月 真書 上兩刻, 下皆泐, 有無甲子紀年未詳

上闕 大夫宣政院副使兼同知延慶司事察罕邠州司吏祝天祐裝象題字 無年月 真書一石兩行, 分刻

兵馬司、都達魯花赤指揮使車力帖木兒裝象題字 無年月, 真書

將仕佐郎、新平縣達魯花赤厄剌歹裝象題字 無年月, 真書

校注記

〔一〕所缺第一字爲"未", 咸亨二年（六七一）爲辛未年。

〔二〕造象, 今作"造像"。後文不一一贅注。

〔三〕此處疑缺一"事"字, 即"參軍事"。

〔四〕仏, 同"佛", 後文相同内容不再贅注。

〔五〕陁, 同"陀", 後文相同内容不再贅注。

〔六〕已, 當爲"己", 天干之一。此處應是刻版的失誤。後文"已"徑改"己", 不再另行標注。

〔七〕北宋歷史中并無"熙甫"年號, 且延續上文, 此"熙甫元年值戊午"當爲"熙甯元年（一〇六八）值戊申"。葉昌熾或誤。

〔八〕元豐元年（一〇七八）爲戊午。葉昌熾或誤。

《温室洗浴衆僧經》

六十行。首行經題，末行留空。每行末存四五字不等，惟首二行尚完。〔一〕
行二十三字，字徑一寸强。經題九字大三之一。真書，棋子方格。

《佛説温室洗浴衆僧經》/

阿難曰：吾從佛聞如是。一時，佛在摩竭國因沙掘〔二〕山中。王舍 / 城内，有大長者，奈女之子，名曰耆域，爲大醫王，療治衆僧。少 /……□□□□□□□（小好學，才藝過通；智達五經、天文地理；其所治）者，莫不□□（除愈；）/……□□（死者更生，喪車得還。其德甚多，不可具陳，八國宗）仰，見者歡 /

……（喜。于是耆域，夜欵生念："明至佛所，當問我疑。"晨旦，）敕家大小〔三〕/……（眷屬，嚴至佛所。到精舍門，見佛炳然，光照天地。衆）坐□（四）輩，□ /……（數千萬人。佛爲説法，一心静聽。耆域眷屬，下車直進，）爲佛作禮，/……（各坐一面。佛慰勞曰："善來醫王，欲有所問，莫得疑）難。"耆域□（長）/……（跪白佛言："雖得生世，爲人疏野。隨俗衆流，未曾爲）福。□□□（今欲請）/……（佛，及諸衆僧、菩薩大士，入温室澡浴。願令衆生，長）夜清净，□（穢）/……□□□（垢消除，不遭衆患。唯佛聖旨，不忽所願。"佛告醫王："善哉妙意，）/……（治衆人病，皆蒙除愈。遠近慶頼，莫不歡喜。今復請佛）及衆僧〔四〕/

……（入温室洗浴。願及十方衆藥療病，洗浴除垢。其福無量。一心諦）聽□（法）〔五〕，吾 /……（當爲汝先説澡浴衆僧反報之福。"佛告耆域："澡浴）之法，當 /……（用七物，除去七病，得七福報。何謂七物？一者然火，二）者净□（水），/……（三者澡豆，四者蘇膏，五者淳灰，六者楊枝，七者内衣，）此是□（澡）/……（浴之法。何謂除去七病？一者四大安隱，二者除風病，）土〔三〕者除濕 /……（療，四者除寒冰，五者除熱氣，六者除垢穢，七者身）體輕〔輕〕便，眼 /……（目精明，是爲除去衆僧七病。如是供養，便得七福。何）謂□（七）福？一 /……（者，四大無病，所生常安，勇武丁健，衆所敬仰；二者，）所生清净，/

《溫室洗浴眾僧經》原石

……（面目端正，塵水不著，爲人所敬；三者，身體常香，衣）服潔净，見 /……（者歡喜，莫不恭敬；四者，肌體濡澤，威光德大，莫不）敬嘆，獨步 /……（無雙；五者，多饒人從，拂拭塵垢，自然受福，常識宿）命。六者，口（齒）/……（香好，方白齊平，所説教令，莫不肅用；七者，所生）之處，自然 /……（衣裳光飾珍寶，見者悚息。"佛告耆域："作此洗浴，眾）僧開士，七 /……（福如是。從此因緣，或爲人臣，或爲帝王，或爲日月四）天神王。□（或）/……（爲帝釋轉輪聖王，或生梵天，受福難量；或爲菩薩，）發意治〔六〕□（地）/……（功成志就，遂致作佛。斯之因緣，供養眾僧。無量）福田，旱澇不 /

……□□□□□（傷。"于是世尊，重爲耆域，而作頌曰：〔七〕）/……（"觀諸三界中，天人受景福。道德無限量，）諦聽次説之。/……（夫人生處世，端正人所敬。體性常清净，）斯由洗眾僧。/……（若爲大臣子，財富常吉安。勇健忠賢良，）出入元氣兮〔無挂礙〕。/……（所説人奉用，身體常香潔。端正色從容，）斯由洗眾僧。/……□（若生天王家，生即常潔净。洗浴以香湯，苾）洪〔芬〕以土子〔熏身〕。/……（形體與眾异，見者莫不欣。斯造溫室浴，）洗僧之福水〔報〕。/……（第一四天王，典領四方域。光明身端正，）威德護四鎮。/

……（日月及星宿，光照除陰冥。斯由洗眾僧，）福報如影響。/……（第二忉利天，帝釋名曰因。六重之寶城，）七寶爲宮殿。/……（勇猛天中尊，端正壽延長。斯由洗眾僧，）其報無等倫。/……□□（世間轉輪王，七寶導在前。周行四海外，兵馬）八萬四。/……（明寶照晝夜，玉女隨時供。端正身香潔，）斯由洗眾僧。/……□（第六化應天，欲界中獨尊。天相光影足，威）靈震六天。/……

（自然食甘露，妓女常在邊。衆德難稱譽，）斯由洗衆僧。/……□□（梵魔三鉢天，净居修自然。行净無垢穢，又無）女人形。/

……□□（梵行修潔己，志淳在泥洹。得生彼天中，斯由）洗衆僧。/……□□（佛爲三界尊，修道甚苦勤。積行無數劫，今乃）得道真。/……（金體玉爲瓔，塵垢不著身。圓光相具足，）斯由洗衆僧。/……（諸佛從行得，種種不勞勤。所施三界人，）無所不周遍。/……（衆僧之聖尊，四道良福田。道德從中出，）是行最妙真。"/……（佛説偈已，重告耆域："觀彼三界，人天品類，高下）長短，福德多/……（少，皆由先世，用心不等。是以所受各异，不同如）此；受諸福報，/……（皆由洗浴聖衆得之耳。"

佛説經已，阿難白佛言：）"當何名□（此）經？/

……（以何勸誨之？'佛告阿難："此經名曰温室洗浴衆僧經。諸）佛所説，非我/……（獨造。行者得度，非神授與。求清净福，自當奉行。"）佛説經竟〔八〕，耆/……（域眷屬，聞經歡喜，皆得須陀洹道。禮佛求退，嚴辦洗具，衆坐大）洹道。禮佛求退，嚴□（辦）洗具。衆坐大/……（小，各得道迹。皆共稽首，）禮佛而去。/……以□（咸）亨貳年（六七一）歲次辛□（未）…/

慈氏石刻，大經如《金剛》《般若》《法華》《華嚴》諸部，秦、晋、燕、豫之郊，照耀岩谷。即小經如《勝鬘》《阿含》，亦間有刻者。惟此《温室洗浴衆僧經》，僅洛陽一石。會稽趙氏著録言建隆二年（九六一）〔九〕造。余在都門得一本，但有經文，後題字二行已剥蝕，年月莫可辨。考《大藏》目録，此經在"短"字十三號《佛説內藏百寶經》之下〔一〇〕。

今石刻雖什不存一，前三行未泐，其餘裂存下截，行不逾五字，而後二行字又過半。自"阿難曰：吾從佛聞如是。一時佛在摩竭國"云云，至"禮佛而去"，首尾尚完。經六十行，行二十三字，亦尚可尋繹而得。經題九字特大，視經文贏三之一，末行"咸亨二年（六七一）辛未""未"字已泐，刻經姓名更付闕如。石幅較寬，衲子以四五紙分拓。每于接縫之處，首尾皆多拓一二行。草蛇灰綫，有迹可尋，散者得以復聯，不可謂非有心人已。

校注記

〔一〕 該經刻殘損面積較大，被其他造像和題刻打破。殘缺部分以底本《大正藏》第一六册 No.0701 補足。該經刻個別字與《大正藏本》有異，出以"校注記"。按，該經爲後漢安世高于建和二年（一四八）至建寧三年（一七〇）之間譯出，唐智升撰《開元釋教録》將安世高譯本定爲"見存"，自此藏經目録均稱本經爲安世高譯。該經在經藏中列入小乘經，或因洗浴本爲炎熱印度的日常現象，源出較早。該經另有一本，即隋費長房撰《歷代三寶紀》中的竺法護譯本、唐智升撰《開元釋教録》中的竺法護譯本"闕本"。參閱陳世强著《大藏經總目提要: 經藏（三）》，上海: 上海古籍出版社，二〇〇七年版，第七八〇、七八一頁。

〔二〕 沙掘山，現一般寫作"沙崛山"。

〔三〕 "敕家大小"四字殘損極爲嚴重，若無經文依據，基本無法準確釋讀。

〔四〕 按，《大正藏》原文爲"今復請佛及諸衆僧"，比此處多一"諸"字。

〔五〕 按，該經刻"聽吾"之間有一字，似爲"法"字，《大正藏》原文中無。

〔六〕 按，《大正藏》原文爲"發意持地"。

〔七〕 按，相較于其他行，該行字數偏少。因"而作頌曰"後文提行。

〔八〕 按，《大正藏》原文爲"佛説是經竟"。

〔九〕 會稽趙氏指清代趙之謙。清·趙之謙撰《補寰宇訪碑録》卷四: "《温室洗浴衆僧經》，正書，建隆二年（九六一），河南洛陽。"同治三年（一八六四）刻本，頁十一; 收録于（臺灣）新文豐出版公司編輯部編《石刻史料新編》（第一輯 第二七册），臺北: 新文豐出版公司，一九七七年版，第二〇二四一頁。

〔一〇〕 此《大藏》指《乾隆大藏經》，又名《清藏》《龍藏》，以"千字文"排序。《佛説温室洗浴衆僧經》爲第三八三部，在第三八二部《佛説内藏百寶經》之後。

《心經》殘刻

《心經》殘刻原石

存字五行，行十字。第四、五行亦殘
泐，字約徑二寸。棋子方格，真書。

《佛説般若波羅蜜多心經》／觀自在菩薩，行深般
若波／羅蜜多時，照見五蘊皆空，／度一切苦厄。
舍□□□□（利子，色不）／异空□□……（空不
异色，色即是空，空即是色，受想行識，亦復如是。
舍利子，是諸法空相，不生不滅，不垢不净，不增
不減。是故空中無色，無受想行識，無眼耳鼻舌身意，
無色聲香味觸法，無眼界，乃至無意識界，無無明，
亦無無明盡，乃至無老死，亦無老死盡。無苦集滅道，
無智亦無得。以無所得故。菩提薩埵，依般若波羅
蜜多故，心無挂礙。無挂礙故，無有恐怖，遠離顛
倒夢想，究竟涅槃。三世諸佛，依般若波羅蜜多故，
得阿耨多羅三藐三菩提。故知般若波羅蜜多，是大
神咒，是大明咒，是無上咒，是無等等咒，能除一
切苦，真實不虛。故説般若波羅蜜多咒，即説咒曰：
揭諦揭諦，波羅揭諦，波羅僧揭諦，菩提薩婆訶。）

　　此刻體勢遒逸，界畫精嚴，初唐能品。後半雖
盡蝕，前三行尚一字未損。與《温室洗浴衆僧經》
同刻一石。此經在上，前經在下，前三行亦未泐。
兩經雖非完本，有此三行，尚可得每行若干字。前
經咸亨二年（六七一）刻，則此亦同時所造也。

《心經》殘刻拓片（局部）

神智造象記

十八行。行九字，字徑一
寸强。真書，棋子方格。

詳夫□（安）居三月〔一〕，未〔來?〕下神／儀；道樹六年〔二〕，尚隔靈軌。／是以三千刹土，百億大／王，各寫神容，僉摹聖迹。／通〔?〕如來之相好，四八無／勸〔三〕；工妙質于荆山，三千／具足。神智私〔?〕祈覺力，遂〔?〕／感玉裕〔?〕。奕日〔?〕彩□，岩月／

暉圓。□夙願天〔四〕成，□符／靈相。但一言履善，非海／壑所遷；六度居心，豈江／淮能變。報同指掌，義無／差惑。比丘神智上爲／聖神皇帝，下及師僧父／母，一切善神，法界有情，／咸沐此因，俱升佛果。／大周長壽二年（六九三）歲在癸／巳七月十三日，神智記。／

右刻雖漫漶，文字尚可屬。第八行"感"字下"玉□奕"三字，"玉"旁一點疑是石裂紋，當爲"王"字，人姓名也。石室造象以此刻爲最古。考通鑒，是年武后加號金輪聖神皇帝，越二載又加號越古〔五〕。造夾紵大象于明堂，作無遮會，結綵爲宮殿、佛象。佞佛之風宜其浸淫，及于邊裔。

校注記

〔一〕此處雖然殘損嚴重，但基本可以判定爲"安居三月"。佛經中"安居三月"出現頻繁，而無"安居三日"。通篇"日""月"
難辨，祇能根據詞意、文意識讀。"日""月"殘損嚴重，并非因其爲武氏造字而遭後人刻意破壞所致，實因
武氏所造二字外部皆爲圓圈，内部因石質日久風化嚴重而無法辨認。

〔二〕此處"秊"爲武周稱帝時所造"年"字，後文相同内容不再贅注。

〔三〕勸當作"勗"，同"虧"。

〔四〕該處勾刻爲"天"，對照石刻、拓片似爲"克""竟"。

〔五〕九月，加尊號金輪聖神皇帝；第二年（六九四）五月加尊號越古金輪聖神皇帝；第三年（六九五）正月加號慈氏

越古金輪聖神皇帝，明堂所造大像"其小指中猶容數十人"，"作無遮會于朝堂，鑿地爲坑，深五丈，結彩爲宮殿，佛像皆于坑中引出之，云自地涌出"，見宋·司馬光編著、元·胡三省音注《資治通鑒》（第十四册）卷第二百五"唐紀二十一"，北京：中華書局，一九五六年版，第六四九三至六四九八頁。

神智造像記原石

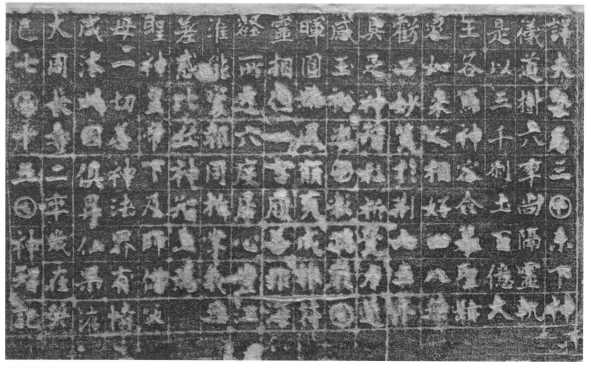

神智造像記拓片

行豳州司馬李承基造象

三行。行十二字，字約徑八分，真
書。左末三字爲曹穎叔題名刓損。

大周長壽三年（六九四）歲次甲午四月／八日〔一〕，中大夫、行豳州司馬、弟子／李承基敬造／

　　李承基不見于《新唐書》宗室、宰相世系兩表。其官行豳州司馬，按《舊書·職官志》州置司馬一人，
上州從五品下，在長史之下、六曹參軍事之上〔二〕。唐制，凡九品以上職事，皆帶散位，謂之本品。
職事隨才録用，或從閑入劇，或去高就卑，參差不定。貞觀令以職事高者爲守，卑者爲行，仍帶散位〔三〕。
散位即所謂散官，亦即本品。承基本品爲中大夫，正第五品上〔從第四品下〕階〔四〕，視州司馬品高，
故曰行豳州。
　　隋新平郡地，《舊書·地理志》隋義甯二年（六一八）割北地郡之新平、三水二縣置新平郡。武
德二〔元〕年（六一八），改爲豳州。開元十三年（七二五），改"豳"爲"邠"〔五〕。《元和郡縣志》
開元十三年（七二五）以"豳"字與"幽"字相涉，詔曰魚魯變文，荊并誤聽，欲求辨惑，必也正名，
改爲"邠"字〔六〕。此窟造象皆在長安（七〇一）以前，宜無"邠"字。然參考諸刻，宋康定二年（一〇四一）
王沿題名〔七〕"自并州移典平凉道，出豳郊"，時州字改"邠"已久，仍從舊文寫作"豳"。蓋"豳""邠"
本一字，雖懸令甲，便文不盡拘。
　　武后長壽三年（六九四）實爲延載元年（六九四），是年五月魏王承嗣等上尊號曰越古金輪聖神
皇帝，甲午御則天門樓，改元，赦天下。五月以前尚未改元，此象造于四月八日，宜其不書延載。

校注記

〔一〕此處"〇""〇"爲武周稱帝時所造"日""月"二字，後文相同內容不再贅注。
〔二〕《舊書·職官志》即《舊唐書·職官志》。載唐貞觀二十三年（六四九）"改諸州治中爲司馬"，上州長史爲從
　　四品下，上州司馬爲從五品下（中下州司馬爲正六品下），六曹參軍事（唐朝州府功、倉、戶、兵、法、士等

六曹參軍事合稱）爲從五品下（功、倉、户、兵曹）、七品下（士曹）。見後晉·劉昫等撰《舊唐書》（第六册）卷四十二"志第二十二 職官一"，北京：中華書局，一九七五年版，第一七八六、一七九四（一七九七）、一七九五、一七九七、一七九八頁。

〔三〕"唐制"以下，皆引自後晉·劉昫等撰《舊唐書》（第六册）卷四十二"志第二十二 職官一"，北京：中華書局，一九七五年版，第一七八五頁。

〔四〕在《舊唐書·職官志》中高祖時中大夫爲從四品上，貞觀時中大夫爲從四品下，後中大夫仍爲從四品下。後晉·劉昫等撰《舊唐書》（第六册）卷四十二"志第二十二 職官一"，北京：中華書局，一九七五年版，第一七八四、一七八五頁。葉昌熾言中大夫爲正五品上，或誤。

〔五〕"義寧"以下皆引自《舊唐書·地理志》，"武德二年（六一九），改爲豳州"誤，實爲"武德元年（六一八），改爲豳州"。後晉·劉昫等撰《舊唐書》（第五册）卷三十八"志第十八 地理一"，北京：中華書局，一九七五年版，第一四〇四頁。

〔六〕"開元十三年（七二五）以"以下皆引自唐·李吉甫撰《元和郡縣圖志》卷三"關内道三"，金陵書局校刊，清光緒八年（一八八二）刻本，頁五九。

〔七〕見後文"王沿題名"，原書卷二，頁一。

行幽州司馬李承基造象

十四行。行十二字，末一行泐，僅存右邊，殘畫略辨形
迹。字徑一寸弱，真書。上下似有單綫爲欄，亦泐。

夫以提耶妙説，法聲應而降魔；／如意寶珠，神光觸而除惡。由是／百千菩薩，俱來瞽首之尊；八十／頻婆，會集歸依之聖。故得天〔一〕花／遍滿，天雨飛騰。净有〔？〕□（儼）其稱揚，／渴仰恭其讚嘆。司馬李承基誠／

心法印，願庇慈雲，是用抽捨净／財，敬造出家菩薩。凋琢作像，威／德巍巍；盡彩端容，莊嚴□□。伏／願三明具足，四果回流。長依成／熟之緣，永證無生之忍。／大周長壽三年（六九四）歲次甲午四月／八日，中大夫行幽州司馬、弟子／□□□□□（李承基敬造）〔二〕。／

　　此刻與前石同時造，一爲題名，一紀檀施功德也。後一行姓名已泐，偏旁、殘筆以前刻官職年月證之，知爲"李承基"三字。如下李齊與妻武氏造象亦各有二通，詳略互見。出家爲歸墨之通稱，非佛號。以此二字冠于菩薩之上，所造疑不止一龕。

校注記

〔一〕此處"兂"爲武周稱帝時所造"天"字，後文相同內容不再贅注。

〔一〕對照題刻、拓片，最末一行殘缺五字"李承基敬造"。

行幽州司馬李承基造像記原石

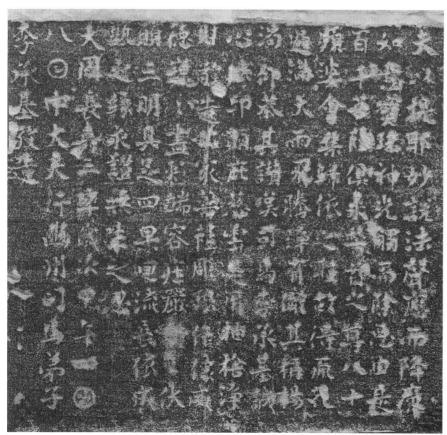

行幽州司馬李承基造像記拓片

元思叡造象

銘十三行。行十字，字徑一寸。年月跳行在下，距銘末行第四字
起共三行，行八九字，字體視銘略小，真書，四圍單綫爲欄。

夫日容含晖，卅相之殊姿；/ 月面流光，八十種之奇狀。/ 故能獨高天上，稱妙覺而 / 爲尊；孤標地〔一〕
前，顯能仁以 / 居大。昭惠燈于冥隧，運慈 / 栰于迷津。思叡敬造地藏 / 菩薩一區，莊嚴已畢。庶超 /
三界，希游四禪。既登彎而 /

□，□□琰而斯，鐫銘曰：/ □□□□，依依鷲峰。爰疏（？）/ 石壁，我啓金容。岩傳清梵，/ 谷響□鐘。
爐烟霏柏，蓋影 / 臨松。瞻顔如在，式展虔恭。/
大周證聖〔二〕元年（六九五）四月 / 八日，宣德郎、行豳州司 / 户參軍事元思叡造。/

　　元姓爲拓跋後裔，隋時元景山、元弘嗣皆躋顯列，至唐初漸衰。《唐書·文苑傳》有元思敬，但
言總章（六六八至六七〇）中爲協律郎，預修《芳林要覽》〔三〕，而不詳其所出。此象造于證聖元年
（六九五），上距總章不過三十八年，以其時考之，又以敬、叡字義推求之，思敬、思叡頗疑爲昆弟行，
但無征不信耳。
　　《新唐書·百官志》州置刺史一員，上州屬有司功、司倉、司户、司兵、司法、司士六曹參軍事各一人，
并從七品下；中州無司兵，正八品下；下州但有司倉、司户、司法三曹，從八品下〔四〕。又考“地理志”
邠爲上州，則司户官爲從七品下，而其散階爲宣德郎，又爲正第七品下，本品往往躐職事官之上也。
　　詞采豐贍，固不失文苑家風。首二句以“卅相”與“八十種”對文，但取意義相足，不以句之短
長爲病，“王楊盧駱當時體”，淳樸猶未散。

校注記

〔一〕此處“坔”爲武周稱帝時所造“地”字，後文相同内容不再贅注。

元思叡造像記原石

元思叡造像記拓片

〔二〕 此處 “鑒” “埀” 爲武周稱帝時所造 “證” “聖” 二字。

〔三〕 《唐書·文苑傳》即《舊唐書·文苑傳》。“總章” 以下出自後晉·劉昫等撰《舊唐書》（第十五册）卷
　　 一百九十（上）“列傳第一百四十上 文苑上”，北京：中華書局，一九七五年版，第四九九七頁。

〔四〕 宋·歐陽修、宋祁撰《新唐書》（第四册）卷四十九（下）“志第三十九下 百官四下” 載：上州刺史一人，司功、
　　 司倉、司户、司田、司兵、司法、司士參軍事，從七品下；中州司功、司倉、司户、司田、司兵、司法、
　　 司士參軍事，正八品下；下州司倉、司户、司田、司法參軍事，從八品下。北京：中華書局，一九七五年版，
　　 第一三一七至一三一八頁。按，此處關于上州、中州、下州之參軍事，葉昌熾所列或有誤。

元□、元□造象

十九行。行八字，字徑一寸弱，真書。兩邊有直綫，上下泐。後半爲武懷寶、史世則兩題羼刻致損，窮目力而可辨。

竊以妙覺，慈啓四緣 / 之靈迹；大雄問聖，明 / 六□（因）之芳類〔一〕。故能非 / 身現身〔二〕，納群生于壽 / 域；無相示相，引庶品 / 于良源。朝散郎行豳 / 州司法參軍元□（海）、通 / 直郎行豳州參軍□（事） / 元□（會）等，因生此州，□（遂） /

于此寺敬造地藏菩 / 薩像各一龕。雕鐫始 / 就，□素□□間〔？〕琅；壁 / 以端容，括〔？〕玉豪而 □ / 象。交〔？〕□翰墨以勒銘， / □□□□□□；□千大千， / 宏敦妙迹。廣開 / 良緣，金容炫彩。紺□ / □，營此生□業□，當 / 來生之福田。 /

　　此刻鋒穎磨損，兩“元”字下僅存殘筆，上一字似“海”，下一字似“會”。考《舊唐書·職官志》上州六曹參軍事之下別有參軍事四人，中州三人正九品上，下州一人從九品下，惟上州品闕。元會散階通直郎，第〔從〕六品下，以唐制通例言之，散階必視職事爲崇，降于六品一等，其官當在七品以下，八品以上〔三〕。元海之官視元會爲崇，而其階朝散郎祇第〔從〕七品上，雖卑于元會，較其本官猶超一階也_{司法參軍爲從七品下}〔四〕。元魏自孝文徙都中夏，其後散居京邑。《隋書》諸元皆洛陽人，今云因生此州，或是父母宦游邠土，生長于斯，非必土著也。

　　首句“妙覺”下脱一字。

校注記

〔一〕下文葉昌熾考釋中，認爲“妙覺”下缺一字。如果按照對仗來看，增補一字，相對工整，如“妙覺（弘）慈”，對仗“大雄問聖”。若“妙覺”下不缺字，句讀應爲“竊以妙覺，慈啓四緣之靈迹”，與後句不完全對仗，亦可説通。即如前文元思叡造像題刻中“卅相”與“八十好”對文，乃初唐文體。“明六□之芳類”中缺字當是“因”

元□、元□造像記拓片（局部）

　　字，四緣與六因一般同時討論，合稱“因緣”。就字形論并非“因”字，或爲誤勾、誤刻。

〔二〕非身現身，見《大正藏》第三五册 No.1735《大方廣佛華嚴經疏》“二有四偈非身現身行”。

〔三〕《舊唐書·職官志》載上州參軍事爲從七品下；中州參軍事武德令爲正九品上，其後改爲正九品下；下州參軍事爲從九品下；元會散階通直郎爲從六品下（葉昌熾言第六品下，或誤），上州參軍事爲從七品下（葉昌熾言無載，或誤）。後晋·劉昫等撰《舊唐書》（第六册）卷四十二“志第二十二職官一”，北京：中華書局，一九七五年版，第一七九九、一八〇二、一八〇三、一七九七、一七九九頁。

〔四〕《舊唐書·職官志》載朝散郎爲從七品上（葉昌熾言第七品上，或誤），司法參軍爲從七品下（按，《舊唐書·職官志》無上州司法參軍，司法參軍當同所載“上州諸參軍事”）。後晋·劉昫等撰《舊唐書》（第六册）卷四十二“志第二十二職官一”，北京：中華書局，一九七五年版，第一七九九頁。按，此題中元海居前，元會居後，後有其他原因（如兄弟排行等），而非因爲官職高低。

雲景嘉造象

十一行。行十字，字徑一寸。通行直綫，真書。宋至和二年（一〇五五），史世則題名冪刻其上，磨損過半，剝蝕已極。

大周證聖元年（六九五）四月八日，/ 朝議郎行幽州司法〔？〕參軍 / 事雲景嘉敬造地藏菩薩 / □□□□心□□□□□ / 皆求方□之路□□含 / □□□□□之□□源□□ /

□□□□□□□□□□ / □良因飾□迹于神龕，雕 / □□于□□，□銘曰：□□ / 梵宇深沉，□流浩汗，庶歸 / 于福，果沙津梁□□□□ /……

邵思《姓解》引《姓苑》雲姓，縉雲氏之後〔一〕。《廣韵》又引《後魏書》："宥連氏，後改爲雲氏。"〔二〕隋有雲定興，《北史》附"宇文述傳"：女爲皇太子勇昭訓^{昭訓安官}，勇廢除名，以述薦製甲仗，授少府丞，累遷屯衛大將軍〔三〕。景嘉疑即其族裔。觀《魏書·氏族志》，蕃部複姓有改一字爲姓者，宥連氏之説近之。

"朝"下一字，非"議"即"請"〔四〕。舊《唐書·職官志》正六品下曰朝議郎，正七品下曰朝請郎，其散階也〔五〕。銘四言四句，既無韵且不詞"津梁"，下疑有泐字。

所造爲地藏菩薩象，而"菩薩"二字但書草頭，無下半字，初不得其説。繼而思之，南北朝士大夫重家諱，又佞佛，藥師、婆提、文殊之類，皆取爲名字，安見無名菩薩者。隋漢王諒反，命梁菩薩爲潞州刺史，即其證也。或以其祖父之諱而闕之。

校注記

〔一〕北宋·邵思撰《姓解》卷一"雨四十三"，景佑年間（一〇三四至一〇三八）刻本，頁二十。

〔二〕北宋·陳彭年等撰《（鉅宋）廣韵》（第一册）卷第一"二十·文"，南宋乾道五年（一一六九）刻本，頁三十三。《後魏書》即《魏書》。宥連氏後改爲雲氏，而牒云氏後改爲云氏，二字不同，見北齊·魏收撰《魏書》

雲景嘉造像記拓片

　　（第八册）卷一百一十三"官氏志"，北京：中華書局，二○一八年版，第三二七二頁、三二六九頁。

〔三〕唐·李延壽撰《北史》（第八册）卷七十九"列傳第六十七·宇文述（雲定興）"，北京：中華書局，一九七四年版，
　　　第二六五三頁。

〔四〕對照題刻、拓片，此字當爲"議"字。

〔五〕《舊唐書·職官志》朝議郎爲正六品上，朝請郎爲正七品上（葉昌熾言"正六品下曰朝議郎，正七品下曰朝請郎"，
　　　或誤）。後晋·劉昫等撰《舊唐書》（第六册）卷四十二"志第二十二 職官一"，北京：中華書局，一九七五年版，
　　　第一七九六、一七九八頁。

元□造象

一行。"元"下一字似草書"岩"字，亦似草押。
空一格接年月，共十三字。字徑一寸左右，行書。

元岩 萬歲通天二年（六九七）七月廿七日 /〔一〕

　　此刻年月之上但有姓名，體勢遒宕，頗似章草。"元"下草押似"岩"
字。隋文帝時有黃門侍郎元岩，煬帝立即貶死，非其人也。考歐公《集古録》
有"五代時帝王將相署字"一卷〔二〕。所謂署字者，皆草書其名，俗謂之"畫
押"。黃伯思云：魏晋以來法書，梁御府所藏朱异、唐懷克、沈熾文、姚
懷珍等題名于首尾紙縫，或謂之押縫，或謂之押尾〔三〕。^{并見顧氏《日知録》〔四〕}然以
之入石者，頗少。唐石惟《秦王少林寺教》"世民"二字爲太宗親押〔五〕。
宋、遼、金敕牒三省，刻銜之下係姓，姓下署押。唐元〔玄〕宗《石臺孝經》
從臣四十餘人皆用押，此石刻押字之至多者〔六〕。今觀慶壽寺諸刻，此造
象外^{造象姓名用押，所見祇此一通}尚有宋安俊題名〔七〕，自署其字曰智周，下用押。余前撰《語
石》"璽押"一則〔八〕，邠州兩押皆未收，補記于此。

校注記

〔一〕此處"帀"爲武周稱帝時所造"天"字。按，原石日期之後另有"拜辭"二字。

〔二〕北宋·歐陽修撰《集古録跋尾》卷十"五代時人署字"，光緒丁亥（一八八七）
　　校勘，行素草堂藏版，頁十。

〔三〕北宋·黃伯思撰《東觀餘論·記與劉無言論書》，收録于盧輔聖主編《中國書畫
　　全書》（第一册），上海：上海書畫出版社，一九九三年版，第八五八頁上。葉
　　昌熾所引文與東觀餘論個別字詞有損減，與《日知録》基本接近。

元□造像記拓片

〔四〕所引《集古録》《東觀餘論》文字，分別見清·顧炎武著、陳垣校注《日知録校注》（第三册）卷二十八"押字"，合肥：安徽大學出版社，二〇〇七年版，第一六三六、一六三七頁。葉昌熾所引文與《日知録》比略有減字。

〔五〕《秦王少林寺教》即《秦王告少林寺教碑》，該碑皆爲隷書，惟"世民"二字爲行草書（更接近于行書）。關于該碑的研究及拓片圖版，參閲崔耕《唐秦王告少林寺教碑考》，《中原文物》一九八三年第三期，第八八至九〇頁。

〔六〕唐玄宗天寶四年（七四五）《石臺孝經》原石現藏西安碑林博物館。此押字之内容實爲唐玄宗之訓示，行書。

〔七〕見下文"智周叔侄題名"，原書卷二，頁四十三。

〔八〕清·葉昌熾撰《語石》卷五"璽押一則"，宣統元年（一九〇九）刻本，頁四十三；《續修四庫全書》，第九〇五册，第二六一頁。按，《語石》爲石刻學的經典著述，具有極高學術價值。《語石》相關版本及其他信息，參閲清·葉昌熾撰，姚文昌點校《語石》"整理説明"，杭州：浙江大學出版社，二〇一八年版，第一至四頁。

高叔夏造象

二十二行。行十二字，字約徑
一寸稍弱。通行直綫。真書。

大周聖曆元年（六九八）四月八日，給事 / 郎行豳州新平縣丞高叔夏于 / 應福寺造地藏菩薩兩軀。夫蠢 / 爾迷俗，小哉群品，皆桎梏于聲 / 利，共樊籠于貪欲。焉知苦海無 /

崖，重昏不曉。叔夏薄游豳土，懷 / 禄自安。嘆泡沫之須臾，嗟蜉蝣 / 之倏忽。而净信回向，歸依勝果。 / □疏崖鑿石，啓經行之地；白林 / □葩，對禪誦之堂。然而圖滿月 / □（之）□容，開初〔一〕日之靈相。憑兹八 /

□，汎寶船而救沉溺；托彼雙林， / □惠陰而庇交喪。嗚呼，光陰驟 / □，人〔二〕代〔世〕不留。雖復釋梵貽教，歷 / □劫而逾闡；將恐丹青遺像，經 / 歲年而堙滅。所以刻石甄形，期 / 于永固。鏤金爲字，庶之無窮，乃 /

爲銘曰：重昏宵宵，彼岸悠悠， / 明耀資其惠日，利涉憑其寶舟。 / 嘆浮生之倏瞬，悲人代〔世〕之流易。 / 希樹福于禪門，庶傳銘于岩 / 石。 /

　　高氏自北齊神武，蓚縣兩支詳于《新書·宰相世系表》〔三〕。又有京兆高氏、晉陵高氏〔四〕，皆無叔夏名。新平，隋縣，屬北地郡。唐武德、貞觀中分其地置永壽、宜禄二縣，今州附郭，爲唐新平縣舊治〔五〕。唐制，上、中、下縣皆有丞一人，位在令下簿上，上縣從八品下〔上〕，給事郎散階正第八品下〔上〕，超一〔二〕階〔六〕。

　　此刹唐爲應福寺，開成元年（八三六）"西閣功德記"猶沿舊額〔七〕。至宋安頓、宋唐輔題名，始書曰慶壽，何時改額未詳。銘詞"人代"爲"人世"之變文，"﨎"即武后所制"人"字，改"世"爲"代"，避太宗諱也。其言曰："薄游豳土，懷禄自安。嘆泡沫之須臾，嗟蜉蝣之倏忽"，是時女

高叔夏造像記原石

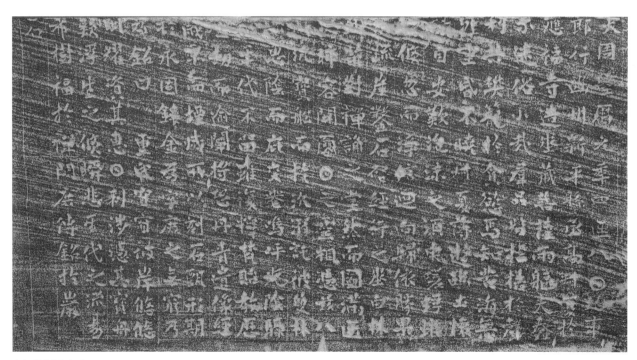

高叔夏造像記拓片

主臨朝，政綱峻急，作者其有憂患乎？

校注記

〔一〕此處"疀"爲武周稱帝時所造"初"字，後文相同内容不再贅注。

〔二〕此處"埀"爲武周稱帝時所造"人"字，後文相同内容不再贅注。

〔三〕蓨縣，治所在今河北景縣南，爲北魏至隋代的渤海高氏族墓群所在地。《新書》即《新唐書》。蓨縣兩支即高展、高泰，見宋·歐陽修、宋祁撰《新唐書》（第八册）卷七十一（下）"表第十一下 宰相世系一下"，北京：中華書局，一九七五年版，第二三八七至二三九六頁。

〔四〕宋·歐陽修、宋祁撰《新唐書》（第八册）卷七十一（下）"表第十一下 宰相世系一下"，北京：中華書局，一九七五年版，第二三九七頁。

〔五〕後晋·劉昫等撰《舊唐書》（第五册）卷三十八"志第十八 地理一 關内道·邠州"，北京：中華書局，一九七五年版，第一四〇四頁。

〔六〕上縣丞爲從八品上（葉昌熾言其爲從八品下，或誤），給事郎爲正八品上（葉昌熾言其爲第八品下，或誤），給事郎實則超兩階。後晋·劉昫等撰《舊唐書》（第六册）卷四十二"志第二十二 職官一"，北京：中華書局，一九七五年版，第一八〇〇頁。

〔七〕"西閣功德記"，見後文"應福寺西閣功德記"，原書卷一，頁三十九。宋安頔、宋唐輔題名，見後文"安頔題名""洛陽宋唐輔題名"，原書卷二，頁四十六、五十四。

鄭希□造象

七行。行十三子，字□□□分。
棋子方格，下雙綫，正書。

□〔一〕悲經就養無□□□□□□／心于此龕，敬造如來二□□□（菩薩造）像／一鋪。雕鐫已□，相好圓□。□願□／□疾苦，自此長袪；求保□□，承歡／膝下。仍以此功德□□（法）□□□之〔二〕／□（聖）曆□（三）年歲次庚子（七〇〇）三月八日朝／□（議）郎行新□（平）縣□（令）鄭希□（古）敬造□〔三〕／

前半已泐，所存七行亦漫漶，閱之如迷五里霧。其可辨者有云“悲纏〔經〕就養”，又有“疾苦長袪、承歡膝下”語，當是爲親造象祈疾。“鄭希”下闕一字，考《新書·宰相世系表》，鄭氏始祖胤伯

鄭希□造像記原石

之子名希雋，爲州主簿；又有南祖鄭氏，其第四世希義袞州刺史〔四〕，時代、官閥皆不合。武后聖歷〔曆〕二年（六九九）爲己亥，越明年庚子（七〇〇）五月癸丑改元久視，去天冊金輪大聖之號。此刻聖歷下所闕當是“三”字，是年五月爲己酉，朔八日癸丑已改久視，猶書“聖歷〔曆〕三年（七〇〇）”者，新元之詔尚未至邠州也。“朝”下當爲“議”字，文散官正第六品下〔上〕階爲朝議郎，“縣”下是“令”字，上縣令秩從六品上，散位正超一階也〔五〕。

校注記

〔一〕該缺字之前，尚有不少文字（至少五行），殘損嚴重而無法辨認。

〔二〕根據題刻和拓片看，"□之"二字應爲"之□"。

〔三〕原題刻後至少仍有三行。

〔四〕《新唐書》所載鄭氏見宋·歐陽修、宋祁撰《新唐書》（第八册）卷七十五（上）"表第十五上 宰相世系五上 鄭氏"，北京：中華書局，一九七五年版，第三二五九、三三三七頁。按，鄭希雋爲北魏時人，見北齊·魏收撰《魏書》（第四册）卷五十六"列傳第四十四 鄭義"，北京：中華書局，二〇一八年版，第一三六〇頁。

〔五〕朝議郎爲正第六品上（葉昌熾言朝議郎爲正六品下，或誤），上縣令爲從第六品上，後晋·劉昫等撰《舊唐書》（第六册）卷四十二"志第二十二 職官一"，北京：中華書局，一九七五年版，第一七九六、一七九七頁。

鄭希□造像記原石（局部）

行歐州司馬李齊造象

一行直下，四十一字，
字約徑二寸，真書。

大周長安二年（七〇二）歲次壬寅七月丁卯朔十五日庚辰，通／議大夫、行歐州司馬、柱國、漢川郡
開國公李齊敬造／

金輪稱制，武氏子女皆與帝室聯姻。後兄子承嗣之子延基尚永泰郡主、延秀與三思子崇訓先後尚
安樂公主〔一〕，伯父士讓孫攸暨尚太平公主。如李齊者，史雖無徵，觀其妻武氏造象銘，李上冠以隴
西郡望，又云"偶帝子于秦樓"〔二〕，其爲維城之望，無可疑者。《新書·宗室世系表》代祖元〔玄〕
皇帝名下蜀王湛房第六世有名齊者，終于京兆府户曹參軍〔三〕，官秩較卑，時亦差後，非一人也。

歐州司馬，其職事官也；通議大夫正第四品下階，其散官也；柱國，其勳官也；漢川郡開國公，
其爵也〔四〕。開國郡公正第二品，按品勳當爲上柱國，今無"上"字，爲柱國已降一等，勳與爵不
必同品也。

今之漢川縣爲漢陽府地，宋置。此漢川爲隋郡，古梁州之域，于唐屬山南西道，武德元年（六一八）
置梁州總管府，七年（六二四）改都督府。開元十三年（七二五）改梁州爲襃州。按，《元和郡縣志》武德元年
（六一八）改爲襃州，二十年
（六二七）又爲梁州。考《舊唐書·地理志》，武德元年（六一八）置梁州，領南鄭、襃中、城固、西四縣；二年（六一九）割西縣置襃州，八年（六二五）
廢。是武德所置襃州僅西縣一隅之地，與梁各爲一州。至開元十三年（七二五）改名襃州，始并梁州全境爲一，二十年（七二四）又復爲梁州。李氏誤矣。 至
天寶元年（七四二）始改爲漢中郡，乾元元年（七五八）又復舊〔五〕。是梁州之爲漢中郡不過天寶、
至德一刹那間。此象造于長安二年（七〇二），其地正爲梁州，尚無漢中郡，更何得有漢川郡？不知
唐州郡沿革，十道所同，非獨一漢中爲然。凡唐初封國皆襲隋郡舊名，李齊所封武德以前之漢川郡，
非天寶以後之漢中郡也。《通鑒》武德二〔元〕年（六一八）李襲譽自漢中召還爲太府少卿。胡身之注：隋避諱，以漢中爲漢川，唐復曰漢中，
仍改郡曰梁州。是漢川，因隋諱改字。唐初即還漢中舊名，李齊已在中葉，何以又封隋郡，石刻"川"字又確鑿可據，是
當詳
考。

七月十五日庚辰當爲丙寅朔，兹云丁卯差一日。

校注記

〔一〕 安樂公主李裹兒爲唐中宗李顯幼女。唐中宗重新成爲太子後，册封安樂郡主，嫁給梁王武三思之子武崇訓。唐中宗復位後，册封安樂公主，再嫁魏王武承嗣之子武延秀。此處葉昌熾言"延秀與三思子崇訓先後尚安樂公主"，順序或誤。

〔二〕 "偶帝子于秦樓"句見下下則題刻"李齊妻武氏造石象銘"。

〔三〕 此處葉昌熾所提李齊，見宋·歐陽修、宋祁撰《新唐書》（第七册）卷七十上"表第十上 宗室世系上"，北京：中華書局，一九七五年版，第二〇二二、二〇二五、二〇二七頁。

〔四〕 開國（郡）公正二品，爲其爵；柱國從二品，爲其勛官；（齒州）司馬從五品下；通議大夫正四品下，爲文散官。見後晉·劉昫等撰《舊唐書》（第六册）卷四十二"志第二十二 職官一"，北京：中華書局，一九七五年版，第一七九一、一七九一、一七九五、一七九三頁。

〔五〕 "李氏誤矣"是葉昌熾言李吉甫《元和郡縣志》之誤。相關記載見：唐·李吉甫撰《元和郡縣志》卷二十五，清道光二十七年（一八四七）修，頁二。後晉·劉昫等撰《舊唐書》（第五册）卷三十九"志第十九 地理二·山南西道"，北京：中華書局，一九七五年版，第一五二八、一五二九頁。

行齒州司馬李齊造像記原石

幽州司馬漢川郡開國公造象殘碑

十七行。上截斷裂，行字未詳。今每行存
十二字，字徑一寸强。體在分隸之間。

……□之門，大雄開汲引之路。故能 /……□扇。去之者，手足無措；得之者，/……□幽州司馬、柱國、漢川郡開國 /……□□題奧於百城，憑粹業以持 /……之真源，以為暗室，難欺冥途。易 /……形之應。謹捨公俸敬造等身釋 /……□□定水遥涵，月殿之中，直聲 /……之場，雁塔斜臨，輕雲澄靄，虹幡 /

……石立真容，圖玉毫之實相；寫金 /……更是降魔之席，用能救度危苦 /……生之父母，爲苦海之舟航。斯乃 /……求玄門，可以潛啓福應之理。實 /……闡〔？〕拯含類於三途；遺教遞宣〔一〕，濟 /……既妙。亦玄亦冲，拯拔危苦，良資 /……網，金口遺質，玉毫垂象，法雨流 /……□□如來微教，易遠遝迹難陪 /……□雕鐫大共調御□（聖）/……〔二〕

　　上截斷裂，行字未詳。造象姓名，適在裂損之處。以職事、勛爵證之，知亦李齊所造也。書法古拙，兼有分隸，筆意頗似趙文淵《華岳頌》〔三〕及匡喆《經象》〔四〕諸碑。雁塔即慈恩寺，爲唐進士題名處。據《長安志》，慈恩寺在萬年縣東南八里〔五〕，距邠州尚遠；又考杜工部"登慈恩寺塔詩草堂詩箋"謂慈恩西院浮圖，永徽三年（六五二）元〔玄〕奘所造〔六〕。即在高宗御極之初，文士操筆，不應遽援爲故實。文中"雁塔"與"虹幡"對文，疑是藻飾之詞。汎咏皋壤，鍥舟以求之，固矣。既云"救度危苦"，銘文又有"拯拔危苦"之詞，想見牝鷄煽虐，禍熸然其。唐室宗支，人不自保，不得已而檀施以求福。其詞危，其旨苦矣。

校注記

〔一〕唐太宗《大唐三藏聖教序》有："于是微言廣被，拯含類于三途；遺訓遞宣，導群生于十地。"

〔二〕根據題刻、拓片看，其後尚有字"……□雕鐫大共調御□（聖）/……"

幽州司馬漢川郡開國公造像殘碑原石

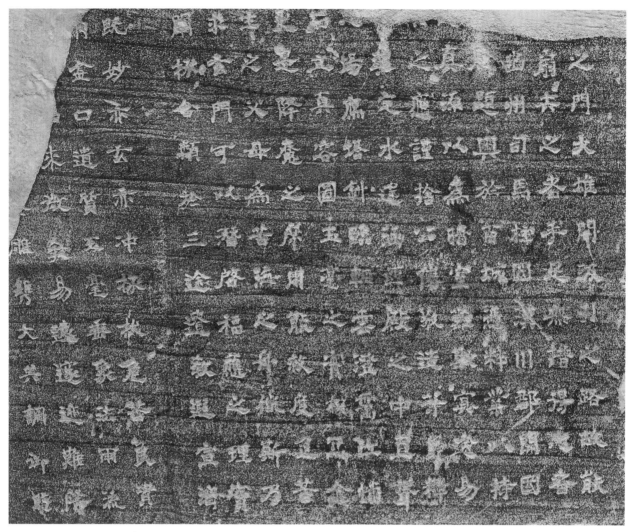

齒州司馬漢川郡開國公造像殘碑拓片

〔三〕《華岳頌》全稱《漢西岳華廟碑》，被認爲是趙文淵傳世的唯一書迹。另有觀點認爲該碑爲郭香察書。相關討論，見啓功《漢〈華山碑〉之書人》，收錄于啓功著《啓功叢稿》，北京：中華書局，一九八一年版，第二四五至二四八頁；張小莊《漢〈西岳華山廟碑〉書人考》，《天津美術學院學報》二〇一七年第七期，第六七、六八頁。

〔四〕匡喆《經象》即《匡喆刻經頌》。匡喆摩崖造像立于北周大象二年（五八〇），在今山東鄒縣城東北小鐵山。

〔五〕見宋·宋敏求撰，清·畢沅校《長安志》卷十一，明嘉靖十年（一五三一）刻本，頁十二。《長安志》中"慈恩寺"在卷八，頁八、九。

〔六〕杜工部"登慈恩寺塔詩草堂詩箋"即唐·杜甫撰，宋·魯訔編次、蔡夢弼箋《杜工部草堂詩箋》（第四冊）卷六"同諸公登慈恩寺塔"，時高適、薛據先有此作，上海：商務印書館，民國二十五年（一九三六）影印本，第二九三頁。

李齊妻武氏造石象銘

十九行。行二十四字，字徑一
寸强。在上下兩龕間。真書。

石象銘　朝散大夫守長史同行塞梓 /

沙門廣濟書 /

自獨園闡化，雙樹流音，慈悲遍 / 供大千，覆護周于實際。或火宅 / 流爍，引以三千車〔一〕。兹于暗室沉 / 迷，朗以四天之炬。能使愛河息 /

浪，苦海澄波。爲品匯之津梁，作 / 群黎之戶牖。迎之不見，恍忽若 / 無；修之果成，嘆未曾有。　皇 / 堂侄女、彭城縣主、通議大夫、行 / 甌州司馬、柱國、漢川郡開國公 / 隴西李齊妻武氏，偶帝子于秦 / 樓，比王姬于魯館。内光六行，外 / 備三從。既擢質于龍岩，寔摛文 /

于鳳篆。而鹿園勝業，誠出代〔世〕之 / 良田；柰苑妙因，乃離塵之福境。 / 于是徽匠伯、召工輸，覽原野之 / 瑰奇，度岩泉之形勝。涇流淼傍， / 即瀉禪河；幽嶺參差，還圖鷲岳。 / 爰捨珍物，敬憑福地。謹造等身 / 釋迦象一鋪，觀音菩薩一，勢至 / 菩薩一，并爲男女及女婿〔二〕左千 /

牛楊玄道等造小象二十七區， / 并三千降神、四衆圍遶。蓮花□〔介？〕 / 座，光涵定水之暉；貝葉抽榮，彩 / 郁禪林之美。三十二相，既極妙 / 于丹青；八十種好，亦窮神于造 / 化。隨巡允應，禮尊足而何辭；至 / 願克從，靡戴頂而授記。庶三千 / 境界，共蔭慈雲；六趣飛沉，俱承 /

慧日。其詞曰二： 赫矣大雄，廣 / 扇慈風。超逾生死，拯救樊籠。離 / 一切相，越三界中。處染不染，至 / 終無終。空不异色，色即是空。其二 / 爰啓尊榮，托兹危岊。金繩表净， / 玉毫呈潔。教闡羊車，仁深象設。 / 衆聖侍衛，諸類駢阗（喧）。巍巍堂堂， / 難可談説。其三 /

右銘"沙門廣濟書"劍弩蹶張，森如武庫，譬之勁翮凌空，絕無翩翩之態。在釋子書中尚不逮後之無可輩。書人之上無撰人，但有"朝散大夫守長史同行塞梓"十一字，同姓不見于經典。惟《元史·儒學傳》有同恕字寬夫，奉元人〔三〕。邵思《姓解》引《前涼錄》有同善〔四〕，在恕前，始末未詳。又按《廣韵》"一東同"字下無同姓，但有"同蹄"云，羌複姓，望在渤海〔五〕。同官縣有同琋氏造象〔六〕，後列邑子姓名百六十餘人，而同琋氏逾其半；王蘭泉謂"琋"爲"蹄"之俗體〔七〕；《新唐書》有姓同蹄者二人，一名智壽，一名智爽，同官人，并附見"孝友張琇傳"〔八〕。竊謂北朝複姓如陸渾、萬紐于，後皆節一字爲姓。同姓或出于同蹄，節"蹄"字耳。余典學西陲，同官有同太守正興。此寺"王稷造象碑"陳香泉題名其上，偕游者亦有同令〔九〕，是同氏在今陝中尚爲著姓。

隋唐石刻碑匠曰鐫、曰刊，或曰模勒，或曰刻字，無曰梓者。梓爲木工，施于刻石，失其義矣。又考《舊書·職官志》上州刺史之下有別駕一人〔從四品下〕、長史一人〔從五品下上〕，位在司馬之上。朝散大夫爲從五品下，散官〔一〇〕。同行塞官長史，其階在李齊之上〔一一〕，即能執槧，不應自儕于手民。所謂梓者，非出錢助緣，即省工視成耳。

武氏子壻左千牛楊玄道，史無徵。千牛，隋官，有備身二十人，煬帝改名備身府，唐始改爲千牛府，龍朔（六六一至六六三）改左右奉宸衛，神龍（七〇五至七〇七）中又爲千牛府。此象造于長安二年（七〇二），在神龍（七〇五至七〇七）前，蓋唐之千牛猶今侍衛之職。屬車豹尾，本由門蔭而得。碑文追書其前所歷官也。

"汾迷"之"汾"，與下"飛沈"實一字，俗體，似"汾"耳。銘中"托茲危邑"，若從"己"，爲詩"陟屺"之"屺"，虛里切。與下文"潔"〔玉毫呈潔〕、"設"〔仁施象設〕二字皆不韵，當爲"岊"之駁文。"岊"即《詩》"節彼南山"之"節"。《説文》"節"從山卪。《小徐》曰"山之陬隅高處曰岊"，左思《吳都賦》"夤緣山岳之岊"，李善注"山曲曰岊"，即此字也，俗作"聖"非。

校注記

〔一〕"引以三千車"，以羊車、鹿車、牛車所載爲引導之物。"火宅""三車"典見《大正藏》第九册，No.0262《妙法蓮華經·譬喻品第三》。

〔二〕此處"智"爲武周稱帝時所造"婿"字。

〔三〕同恕，字寬甫，見明·宋濂等撰《元史》（第十四册）卷一百八十九"列傳第七十六·同恕"，北京：中華書局，一九七六年版，第四三二七頁。

〔四〕北宋·邵思撰《姓解》卷三"门一百二十三"，景祐年間（一〇三四至一〇三八）刻本，頁十五。

〔五〕北宋·陳彭年等撰《（鉅宋）廣韵》（第一册）卷第一"東"，南宋乾道五年（一一六九）刻印本，頁一。

〔六〕參閱張燕編著《陝西藥王山碑刻藝術總集》第三卷"北周造像碑·同琋清奴造像碑"，上海：上海辭書出版社，二〇一三年版，第三六至五一頁。按，該碑造于北周保定二年（五六二），現藏銅川藥王山碑林博物館；同官，北周建德四年（五七五）銅官縣改稱同官縣，今銅川市印臺區城關街道。

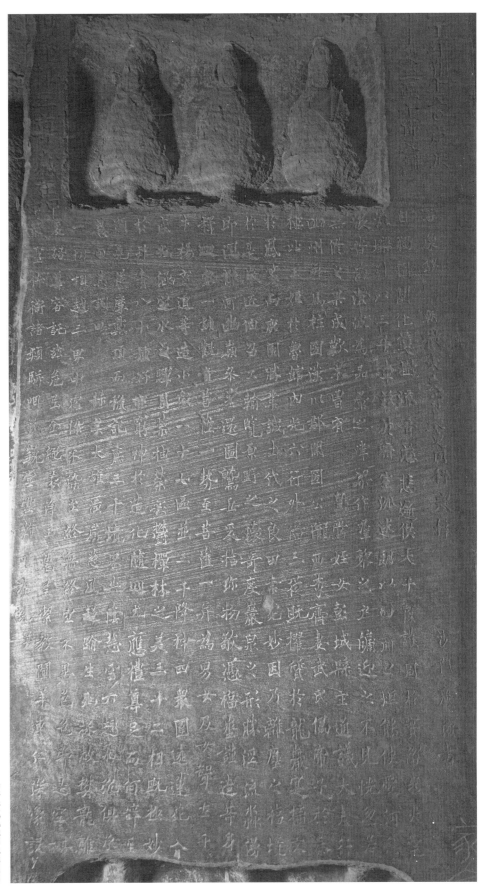

李齊妻武氏造石像銘原石

李齊妻武氏造石像銘拓片

〔七〕清·王昶輯《金石萃編》（第一册）卷三十六“周一 同諦氏造像記”，嘉慶十年（一八〇五）經訓堂刻本（《石刻史料新編》影印版），頁五。王蘭泉，即王昶（一七二五至一八〇六），字德甫，號述庵，又號蘭泉，清代文學家、金石學家，撰有《金石萃編》一百六十卷。按，《金石萃編》言該造像爲保定四年（五六四），或誤。

〔八〕宋·歐陽修、宋祁撰《新唐書》（第十八册）卷一百九十五“列傳第一百二十 孝友·張琇”，北京：中華書局，一九七五年版，第五五八五頁。

〔九〕見後文“阿彌陀象贊”康熙癸亥（一六八三）題刻，原書卷二，頁二十一。

〔一〇〕《舊唐書·職官志》載：上州刺史從三品、上州別駕從四品下、上州長史從五品上（葉昌熾言長史從五品下，或誤）、上州司馬從五品下、朝散大夫從五品下，後晋·劉昫等撰《舊唐書》（第六册）卷四十二“志第二十二 職官一”，北京：中華書局，一九七五年版，第一七九二、一七九四、一七九五、一七九五、一七九五頁。

〔一一〕李齊爲通議大夫正四品下、司馬從五品下，其勛官柱國從二品、其爵開國（郡）公正二品，同行塞官爲朝散大夫從五品下、長史從五品上，從爵、勛官、散官來看，李齊都遠高于同行塞，同行塞職事官長史高于李齊職事官司馬。

彭城縣主造象

二行。行二十字，字約徑一寸强。
真書。通行直綫，上下無橫格。

大周長安二年（七〇二）歲次壬寅七月丁卯朔十五日庚辰，／皇堂侄女、彭城縣主敬造等身象三區、千佛廿一〔五〕〔一〕鋪。／

李齊夫婦同日造象，又各有二石，其一無文字，但直書官階、姓氏。唐制，皇女封公主，視正一品；皇太子之女封郡主，視從一品；王之女封縣主，視正二品〔二〕。今武氏封爲縣主，降于郡主一等，

彭城縣主造像記原石

非則天疏屬可知。九族內稱從父兄弟之子曰堂姪，考《舊唐書·武承嗣傳》則天諸父士逸封蜀王、士讓封楚王，李齊妻雖未能定著所生，要之與懿宗_{士逸孫}、攸宥、攸暨_{士讓孫}等親屬〔三〕當不甚遠。銘序"秦樓、魯館、龍岩、鳳篆"皆王姬下嫁之詞，非攀鱗附翼，亦可知也。彭城隋郡，唐改徐州，其地即今徐州府〔四〕。

校注記

〔一〕 "五"字誤勾刻作"廿一"。

〔二〕 後晉·劉昫等撰《舊唐書》（第六冊）卷四十三"志第二十三 職官二"，北京：中華書局，一九七五年版，第一八二一頁。

〔三〕 後晉·劉昫等撰《舊唐書》（第十四冊）卷一百八十三"列傳第一百三十三 外戚"，北京：中華書局，一九七五年版，第四七二九頁。

〔四〕 後晉·劉昫等撰《舊唐書》（第五冊）卷三十八"志第十八 地理一 河南道·徐州"，北京：中華書局，一九七五年版，第一四四七頁。

彭城縣主造像記拓片

崔貞臣造象

一行直下二十三字，
字徑三寸弱。真書。

二月八日朝散郎、行豳州參軍崔貞
臣〔一〕敬造立釋迦像一軀。/〔二〕

　　建元在上截，已斷損。以“𢘑”
“匦”二字證之，“𢘑”即武則天
所制“臣”字，知亦武周時所造也。
唐製外州司馬之下，有録事參軍事
一人，正〔從〕七品上。其下爲六
曹參軍事，又別有參軍事，秩最下。
朝散郎正七品〔從七品上〕，散官，
與録事正相當。此參軍當爲録事參
軍事，省文但稱參軍耳〔三〕。

校注記

〔一〕此處“𢘑”爲武周稱帝時所造“臣”
　　　字，後相同內容不再贅注。

〔二〕原石題刻下另有“佛弟子”等字，
　　　不確定是否同時刻。

〔三〕《舊唐書·職官志》載：上州司
　　　馬從五品下、上州録事參軍爲從

崔貞臣造像記原石

七品上（葉昌熾言正七品上，或誤）、上州諸參軍事爲從七品下、上州參軍事爲從八品下（故葉昌熾言"又別有參軍事，秩最下"）、朝散郎文散官從七品上（葉昌熾言朝散郎正七品，或誤），後晉·劉昫等撰《舊唐書》（第六册）卷四十二"志第二十二 職官一"，北京：中華書局，一九七五年版，第一七九五、一七九八、一七九九、一八〇一、一七九九頁。按，此處"朝散郎行幽州參軍"，職高任職低爲行，朝散郎爲從七品上，録事參軍爲從七品上，職級相當；而"參軍"中低于從七品上的有諸（曹）參軍事、參軍事，葉昌熾言此參軍爲録事參軍，即爲諸（曹）參軍事或參軍事，而省略"事"字。

崔貞臣造像記拓片

殘造象

二十六行。爲妄人鑿畫像于上，刓損過半。以文義推求之，每行當十三字。今泐存七字，字約徑八分。真書。

〔一〕原夫四諦開宗廓……/ 乘〔？〕演化警萬有以……/ 波通〔邁？〕引群生非彼……/ 岸類于中流是〔之？〕（迴）……/ □□□□禪□□……/ □□□□山〔小？〕□□……/ 想禪林仰金□□……/ □念。爰〔二〕抽月俸（敬）……/

……世音菩薩一身□……/ 師琉璃光佛一□……/ 前臨□帶（？）〔三〕□□……/ 依□□□□□……/ 烟□□□□□……/ 以（此）□□□□□……/ 雖至□□□□□……/ 真形□□于□□……/ 琯〔四〕□遷托金石以……/ 無既其銘曰〔五〕：　大……/

……功祥□□□瑞〔六〕色……/ 水□□宮□毫□（莫？）……/ 至理虛無〔七〕□□寂……/ □俱□（絶？）□想易□〔八〕……/ 廣被法〔九〕流□竭其二……/ □□既銷乏蓋□（二）……/ □□□（俗）□□□崇……/ 景龍二年（七〇八）八月十……/

殘造像記原石

殘造像記拓片

　　下截磨損，上截存字亦無幾。姓名雖闕，而後一行年月尚可辨。"景龍二年（七〇八）"已在房陵〔一〇〕復辟之後，故"八月"字及文中"月俸"之"月"皆不用武周後製字。所造爲觀世音菩薩象、藥師琉璃光佛象，"觀"字、"藥"字適在行末闕處，繹下行存字知之。唐人"世"字避太宗諱皆改作"代"，惟"觀世音"及"三世"等字不改，尊王之義不敵其佞佛之誠。唐碑帝號、國號空一二三格不等。至如來、帝釋空格漫無制限，往往提行，蓋當時風氣如此。

校注記

〔一〕根據題刻、拓片看，在"原夫"前尚有一行"石象銘"，三字。

〔二〕今"爰"字題刻、拓片已不可辨識。

〔三〕今"琉""光""帶（？）"題刻、拓片已不可辨識。

〔四〕今"瑄"字題刻、拓片已不可辨識。

〔五〕今此句除"銘"字外，其他字題刻、拓片已不可辨識。

〔六〕今"瑞"字題刻、拓片已不可辨識。

〔七〕今"無"字題刻、拓片已不可辨識。

〔八〕"易"後一字殘損嚴重，僅上部"穴"字頭可辨識。

〔九〕今"法"字題刻、拓片已不可辨識。

〔一〇〕房陵代指唐中宗李顯。唐中宗李顯先後被軟禁于均州、房州，後被召還洛陽復立爲皇太子。

馮秀玉造象

馮秀玉造像記原石

一行直下三十二字，字約徑一寸五六分。真書。

乾元元年（七五八）十月十五日，佛弟子／馮秀玉爲先亡及父母闔家平安，敬造一佛二菩薩。／

　　唐初承六朝之敝，丹青象設，莊嚴緣野。至安史搆難，其風始漸衰。此寺開元前後亦祇有景龍一石、乾元一石。造象人自李承基以下皆邠守土之吏，年月之下具書官閥，馮秀玉獨不書官。考《新唐書·孝友傳序》有新平馮猛將〔一〕。唐之豳州，即隋新平、三水之地〔二〕。意者馮爲豳之著姓，秀玉族于斯，非官于斯歟。"仏"即"佛"字，隋唐造象多如此。

校注記

〔一〕宋·歐陽修、宋祁撰《新唐書》（第十八册）卷一百九十五"列傳第一百二十 孝友"，北京：中華書局，一九七五年版，第五五七六頁。

〔二〕後晉·劉昫等撰《舊唐書》（第五册）卷三十八"志第十八 地理一 關內道·邠州"，北京：中華書局，一九七五年版，第一四〇四頁。

李秀喆題名

一行共十字，直下，大小參差懸絶。淺如錐
畫，劣不成字。以其爲唐紀年，姑著于録。

京兆人李秀喆大曆二年（七六七）下闕／〔一〕

　　右十字，下闕。筆勢欹斜淺率，類于胥書市籍，不足觀也。
唐室帝系爲隴西，此冠以"京兆"字，考《新書·宰相世系表》
隴西四房，四曰丹陽，丹陽之李始于晋東莞太守雍。後魏居京兆
山北<small>後爲李
藥師</small>。其一房始于岷州刺史嵩，亦徙京兆<small>後爲
李晟</small>。此外趙郡李
氏又分南祖、東祖、西祖、遼東、江夏、漢中六房〔二〕。《廣韵》
"十二望"隴西趙郡之外又有渤海、頓丘等望〔三〕。今李秀喆
家京兆，自當出于隴西。然不書郡望，亦不署官爵，殆式微之裔。
行迹所經，偶然涉筆。既非登高能賦之才，亦無硯首沉碑〔四〕
之想。岩竇窅深，風雨無恙。大曆至今千有餘年，傖書猥下，姓
名未佚。世有不求名而名自彰者，此類是也。

李秀喆題名原石

校注記

〔一〕原石紀年後另有"四月六日"。

〔二〕宋·歐陽修、宋祁撰《新唐書》（第八册）卷七十二上"表第十二上 宰相世系二上"，北京：中華書局，
　　　一九七五年版，第二四六四、二四六五、二四六九、二四七三、二五九九頁。

〔三〕宋·陳彭年等撰《（鉅宋）廣韵》（第三册）卷第三"六 止·李"，南宋乾道五年（一一六九）刻印本，頁七。

〔四〕硯首沉碑，代指建功立業。典出《晋書·杜預傳》"刻石爲二碑，紀其功績，一沉萬山之下，一立岷山之上"，見唐·房
　　　玄齡等撰《晋書》（第四册）卷三十四"列傳第四·杜預"，北京：中華書局，一九七四年版，第一〇三一頁。

應福寺西閣功德記

十三行，行自八字至十字不等。字徑
一寸至二寸亦不等。行書，右行。

應福寺西閣功德記 /

鄉貢進士張居簡撰 /

夫至相無爲，即無爲之。/ 妙自于有爲，而起今步。/ 驛使介實〔寶〕興〔? 〕、内侍省内僕令 / 丁有興共修功德，亦自有爲 / 而起也。依山鎸勒，明并 /

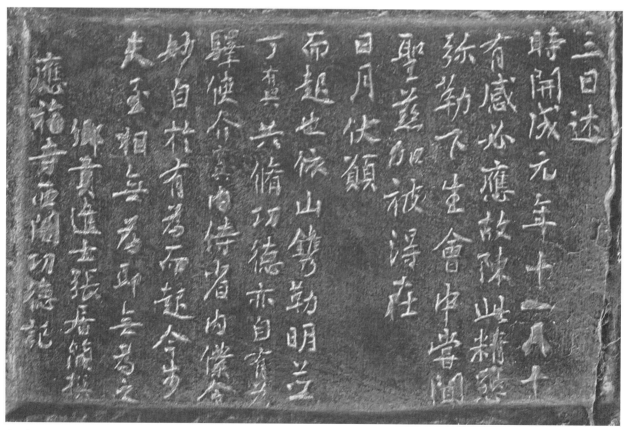

應福寺西閣功德記原石

日月。伏願：/ 聖慈加被，得在 / 彌勒下生會中。嘗聞有感必應，故陳此精懇。/ 時開成元年（八三六）十一月十 / 三日述。/〔一〕

　　狄梁公"諫武后疏"有云："今之伽藍，制過宮闕。里陌動有經坊，閭閻亦立精舍。尊容既廣，不可露居，覆以百層，尚憂未遍。"〔二〕想見當時，營造之盛。今此寺雖無百層，自平地特起，共五級；中空爲竂，一巨象屹然，穿中心而上；上顧下踵，自肩及膝，一體各占一龕。依山鐫勒，雖未知視開成舊制何如，在西陲可爲勝刹。

　　唐制，內僕局令二人，正八品下；掌中宮車乘，出入導引；丞爲之二〔三〕。"驛使"上一字蝕損〔四〕。按《舊唐書·吐突承璀傳》內侍省常侍宋惟澄爲河南、陝州、河陽已東館驛使，內官曹淮玉、劉國珍、馬江朝分爲河北行營糧料館驛等使〔五〕。此闕字疑爲"館"字。館驛有使，以內官充之，猶之觀軍、権稅〔六〕，因事所置，非常職也。開成初元（八三六）正當大和之季。甘露變後，貂璫竊柄，天子閉目搖手，等于贅疣。介、丁二豎名不見于史册，麼麼蟊孽〔七〕。奉使所經，廣管佛事。文士濡筆，以頌功德，其威焰尚爾。而仇士良輩滔天之勢，更無待言。

校注記

〔一〕此篇題刻爲竪行從左往右分布。在該書中，勾刻一如原樣安排，但該頁左右順序句讀整理時與其他頁相反，即先頁右再頁左。

〔二〕後晋·劉昫等撰《舊唐書》（第九册）卷八十九"列傳第三十九 狄仁杰"，北京：中華書局，一九七五年版，第二八九三、二八九四頁。該疏還收録于《唐會要》《資治通鑒》《册府元龜》等，不再贅注。

〔三〕唐內僕局有：令二人，正八品下；丞二人，正九品下。宋·歐陽修、宋祁撰《新唐書》（第四册）卷四十七"志第三十七 百官二"，北京：中華書局，一九七五年版，第一二二三頁。

〔四〕根據題刻、拓片看，并無缺損。葉昌熾言損，或誤。

〔五〕後晋·劉昫等撰《舊唐書》（第十五册）卷一百八十四"列傳第一百三十四 宦官·吐突承璀"，北京：中華書局，一九七五年版，第四七六八頁。按，葉昌熾文"河陽已東"，中華書局點校本《舊唐書》爲"河陽已來"；葉昌熾文"曹淮玉"，中華書局點校本《舊唐書》作"曹進玉"，或是不同版本所致；《景印文淵閣四庫全書》本《舊唐書》作"河陽以東""曹進玉"，第二七一册，第四二八頁。

〔六〕觀軍、権稅即觀軍容使、権稅使。觀軍容使在唐後期由監軍而發展成使職，宦官擔任（首任即宦官魚朝恩）。

〔七〕麼麼蟊孽，指官職低微的惡吏。葉昌熾以介、丁二人驛使、內侍省內僕令多爲宦官，故認定他們爲"蟊孽"。

房亶造象

二行。一行六字，一行二字。字徑五寸稍
弱，真書。雄峻秀拔，審是唐中葉刻。

幽州司馬房亶 / 敬造 /

　　清河房氏出自祁姓，唐初賢相房玄齡祖之。
其一別爲河南房氏，房融、房琯祖之。考《新書·宰
相世系表》，梁公之後、次律之前，無名亶者〔一〕。
其官爲幽州司馬，“幽”字未改爲“涿”〔二〕，其爲
開元以前所造可知。書法遒麗，亦有初唐風格。

校注記

〔一〕宋·歐陽修、宋祁撰《新唐書》（第八册）卷
　　七十一下“表第十一下　宰相世系一下”，北
　　京：中華書局，一九七五年版，第二三九七、
　　二三九九、二四〇〇、二三九八至二四〇三頁。

〔二〕明·姚本校、閻奉恩撰《邠州志》“土地卷之一·建
　　章”：“開元十三年（七二五）因優恤岐周府兵，
　　幸幽，以頹幽字，改爲幽。”康熙刻本，據清順
　　治六年（一六四九）刻版增刻，頁二十一。《陝
　　西通志》等亦載，不再贅注。

房亶造像記原石

解禮君式題名

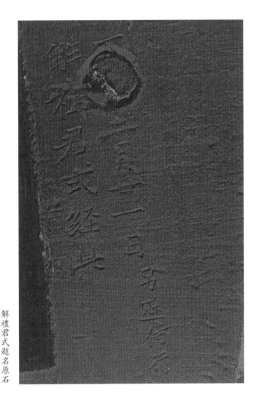

解禮君式題名原石

二行。一行七字，一行六字。字約徑二寸五六分；下四小字在右側，約徑一寸弱，真書。

解禮君式經此，/ 丁□二月廿一日。男然侍行。/

《明史·孝義傳序》天順間有解禮，鄢陵人〔一〕。此刻年號雖闕，書勢遒美，氣息甚古，非宋以後人所能。"丁"下一字蝕損，上半字尚存，似酉。明天順元年（一四五七）英宗復辟，歲丁丑。越八年乙酉，即爲憲宗成化元年（一四六五），無再值丁之歲，非此解禮可知。"男"下草書似"然"字，又似"默"字。子弟從游，書名之例，兩宋爲多。然考"華岳廟題名"，大曆七年（七七二）前開州刺史崔微一刻下即有"男薿"二字〔二〕。大中三年（八四九）"李貽孫祈雪"，記小男進士同吉、學究靜復從行〔三〕。是不始于宋也，附唐末。

校注記

〔一〕清·張廷玉等撰《明史》（第二十五册）卷二百九十六"列傳第一百八十四 孝義"，北京：中華書局，一九七四年版，第七五七八頁。

〔二〕清·王昶輯《金石萃編》（第二册）卷七十九"唐三十九 崔微等題名"："前開州刺史崔微 男薿。"嘉慶十年（一八〇五）經訓堂刻本（《石刻史料新編》影印版），頁十五。按，此"華岳廟題名"指在漢郭香察書《西岳華山廟碑》的後世題刻，部分題名單列，如開州刺史崔微題名，又見清·毛鳳枝撰《關中金石文字存逸考卷》八"華陰縣上"："題字見《金石萃編》。今在華陰縣華岳廟中，題名爲崔微、崔溉、康洽、侯季文，共四人。"光緒辛丑年（一九〇一）刻本，頁四十一。

〔三〕清·王昶輯《金石萃編》（第二册）卷八十"唐四十 李貽孫祈雪題記"，嘉慶十年（一八〇五）經訓堂刻本（《石刻史料新編》影印版），頁十五、十六。清·毛鳳枝撰《關中金石文字存逸考》卷九"華陰縣下"："李貽孫題名又見大中三年（八四九）十二月祈雪及大中五年（八五一）七月題名各一通。"光緒辛丑年（一九〇一）刻本，頁九。按，漢郭香察書《西岳華山廟碑》相關記載及梳理見清·王昶輯《金石萃編》（第一册）卷十一"漢七 西岳華山廟碑、華岳廟殘碑陰"，嘉慶十年（一八〇五）經訓堂刻本（《石刻史料新編》影印版），頁四至九。

右唐刻二十二通。邠州石室録卷一

新知渭州王沿題名

四行。行十三五字，字徑一二寸不
等。真書，右行，通行直綫爲欄。

樞密直學士、新知渭州、兼管勾涇原路 / 部署公事王沿〔一〕，受 / 詔自并州移典平涼道，出豳郊，游 / 是精舍。康定二年（一〇四一）辛巳春二月七日題。/

　　王沿結銜爲樞密直學士、新知渭州兼管勾涇原路部署公事，其下云沿"受詔自并州移典平涼"，案《宋史》本傳，沿字聖源，大名館陶人；自陝西都轉運使降知滑州，遷知并州；以建議徙豐州，州果陷，進樞密直學士、右司郎中、涇原路經略、安撫、招討使兼知渭州〔二〕。《續通鑒》慶歷〔曆〕元年（一〇四一）秋七月乙未元昊陷豐州，始王沿在并州，乞徙豐州，不報；（不）逾歲，州果陷。又云冬十月甲午，始分陝西爲四路，以管勾涇原路部署司事兼知渭州王沿，兼本路馬步軍都部署、經略安撫沿邊招討使。自并移渭，正在此一年之内〔三〕。此刻後題康定二年（一〇四一）辛巳春二月七日，按仁宗康定僅有一年，明年二月即改元慶歷〔曆〕，沿題名在二月，猶書舊號，或改元在後，或邠州僻左，尚未奉頒朔之詔〔四〕。

　　沿自并州移渭州，平涼爲渭州治所，邠其必經之地，其時尚未至平涼受事，故云"新知"，不云"兼知"。惟兼知"渭州"，《宋史》作"滑州"，宋時滑州在東京西

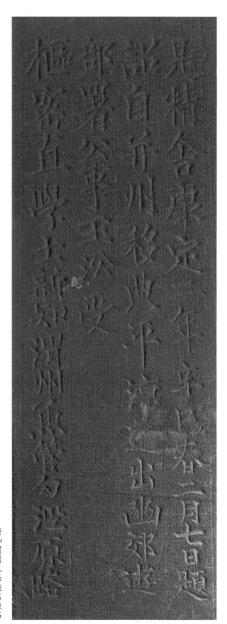

新知渭州王沿題名原石

北路，距邠、涇尚遠；沿方經略西陲，安得有兼知滑州之事？本傳下又云，元昊乘勝犯渭州，沿率州人乘城，賊引去〔五〕。此"渭"字固未誤；以此刻證之，益知"滑"爲宋史駁文。"滑""渭"字形相近，又陟上降，知滑州而誤也。豳郊之"豳"不作"邠"，猶沿唐初舊字。

校注記

〔一〕此處"沿"原刻寫作异體字"沇"。

〔二〕元·脱脱等撰《宋史》（第二十八册）卷三百"列傳第五十九 王沿"，北京：中華書局，一九七七年版，第九九五七、九九五九頁。按，中華書局點校本"校勘記"中已經將"兼知滑州"校改爲"兼知渭州"，見九九八七頁，後文不再贅注。

〔三〕《續通鑒》即《續資治通鑒》。清·畢沅著《續資治通鑒》（第三册）卷四十三"宋紀四十三仁宗慶歷〔曆〕元年（一〇四一）"，北京：中華書局，一九五七年版，第一〇三八、一〇四三頁。按，根據《續通鑒》，葉昌熾文"逾歲"前缺"不"字；葉昌熾文"管勾涇原路"，《續通鑒》作"管句涇原路"，"管句"同"管勾"。

〔四〕按，康定（一〇四〇年二月至一〇四一年十一月）爲宋仁宗趙禎年號，共計兩年，此處王沿題名時間爲康定二年（一〇四一）二月并無不妥，葉昌熾言或誤，其誤或源自畢沅撰《續通鑒》中僅有康定元年（一〇四〇）。

〔五〕元·脱脱等撰《宋史》（第二十八册）卷三百"列傳第五十九 王沿"，北京：中華書局，一九七七年版，第九九五九頁。

新知渭州王沿題名拓片

趙威題名

二行。一行十三字，一行十一
字。字約徑一寸三分，真書。

借職趙威同西洛貢吏趙仁濟游 / 此，康定二年（一〇四一）季春十四日書。/

　　二趙非宗子，名不見史表。考《宋史·職官志》三班借職爲武臣最下一階，一轉爲奉直，又再轉
始爲左右班殿直〔一〕。西洛即洛陽，宋以河南府爲西京，置洛苑使。長安慈恩寺塔，政和元年（一一一一）
徐處仁題名，同游有西洛趙佺真叟〔二〕；《韓魏公集》有"戊申西洛中秋對月詩"〔三〕；《梅堯臣集》
有"韓欽聖問西洛牡丹詩"，首句云"韓君問我洛陽花"〔四〕，蓋當時通稱西京爲西洛也。仁濟〔五〕
奉邊帥之命修職供于陪都，時在季春，猶書康定年號，自陝以西尚未知慶歷〔曆〕新元也〔六〕。

校注記

〔一〕元·脫脫等撰《宋史》（第十二册）卷一百六十九"志第一百二十二 職官九"，北京：中華書局，一九七七年版，
　　第四〇二九頁。

〔二〕清·王昶輯《金石萃編》（第四册）卷一百三十三"宋十一 慈恩寺塔題名二十二段"："睢陽徐處仁擇之……
　　西洛趙佺真叟……政和改元孟夏十三日。"嘉慶十年（一八〇五）經訓堂刻本（《石刻史料新編》影印版），
　　頁三十七。

〔三〕原詩名"戊申西洛中秋對月"："海東推出水晶球，碧抹晴空暝靄收。……"載宋·韓琦撰《安陽集》卷十二"律
　　詩二十二首"頁五；《景印文淵閣四庫全書》，第一〇八九册，第二八九頁。

〔四〕原詩名"韓欽聖問西洛牡丹之盛"："韓君問我洛陽花，爭新較舊無窮已。……"載宋·梅堯臣著，朱東潤編
　　年校注《梅堯臣集編年校注》卷十五"慶曆五年（一〇四五）"，上海：上海古籍出版社，一九八〇年版，第
　　三一一、三一二頁。

〔五〕趙仁濟其人葉昌熾并未考證，今其名存于北宋韓琦撰《安陽集》卷四十七"墓志二 故河南尹君墓志銘（并序）"

頁三十、三一："河南尹君名樸字處厚，師魯之長子也。……慶曆〔曆〕中，余與今樞密副使田西元均奉詔宣撫陝西，時搢紳草澤上書以方略言者數百人。余請田公第其高下，而獨取布衣趙仁濟者爲第一。然怪其所論特奇，疑非仁濟言，既而知處厚代爲之。"《景印文淵閣四庫全書》，第一〇八九册，第五二三頁。按，此尹樸處厚之父即下一則題刻中之尹師魯。慶曆年號緊接康定，康定二年（一〇四一）趙仁濟已是貢吏，韓琦言慶曆中趙仁濟仍爲布衣，或誤。此題刻可以糾墓志銘之誤。

〔六〕按，同上一通題名校注記，康定（一〇四〇年二月至一〇四一年十一月）爲宋仁宗趙禎年號，共計兩年，此處趙戚題名時間爲康定二年（一〇四一）并無不妥，葉昌熾言或誤，其誤或源自畢沅撰《續通鑒》中僅有康定元年（一〇四〇）。

趙戚題名拓片

韓稚圭、尹師魯題名 附李純等續題

二行，兩段相連。上段一行八字，一行七字，真書；下段兩行均十字，行書。字約徑二寸五六分。兩段銜接而下，距離不隔一黍。

稚圭、師魯 / 康定二年（一〇四一） / 三月十五日過此。/
李純、毋敦仁、楊懋、宋諮觀 / 韓、尹二公留題，不勝仰慕。/

　　稚圭，韓魏公字也。師魯，尹河南字也。韓、范二公經略西邊，師魯久居幕職。《范文正集》有"祭尹師魯文"，而韓公爲作墓表，見《安陽集》〔一〕。康定、慶歷〔曆〕之間，正元昊犯邊之時，康定二年（一〇四一）即爲慶歷〔曆〕元年（一〇四一）。《（續）通鑒》于二月甲申書任福敗于好水川，先于辛巳言：夏竦奏韓琦、尹洙赴闕，與兩府大臣議用攻策，由涇原、鄜延兩路進討；范仲淹議未同。下又云，始朝廷既從攻策，經略安撫判官尹洙，以正月丙子至延州，與范仲淹謀出兵；留兩旬，仲淹堅持不可；辛丑洙還至慶州，乃知任福敗績。又云，夏四月辛巳，降陝西經略安撫副使、樞密直學士、起居舍人韓琦爲右司諫知秦州〔二〕。觀此，則西師之出，魏公與洙實主之，文正和而不同，此其所以爲君子。此題在三月十五日，正當好水川敗，後洙自延州還慶州，魏公先自涇州趨鎮戎軍，此時或自涇州還，故二公相遇于邠州也。

　　又案，《宋史·尹洙傳》："趙元昊反，大將葛懷敏辟爲經略判官。洙雖用懷敏辟，尤爲韓琦所深知。"〔三〕考《安陽集·尹公墓表》云，葛懷敏出鄜延道攻賊，公自請參議行營軍事，有詔如請，而事中罷〔四〕。蓋師魯雖應懷敏之辟，實未行傳于洙，降通判濠州。後又云，未幾，韓琦知秦州，辟洙通判州事。蓋魏公降知秦州後，仍以公自副，始終在幕府也。兩賢相得之雅，山川舒嘯之樂，不以一戰利鈍蹙蹙靡騁〔五〕，此賢者所以不可及歟。

　　李純題字無年月，毋敦仁、楊懋、宋諮，《宋史》皆無傳。惟涇州回山王母宮有"河東毋安之題名"一通〔六〕，禮曰"安土敦乎仁，故能愛"〔七〕，以斯言爲征，敦仁其名，安之其字。昔我先正，必恭敬止，宜書名；高明臺榭，來游來歌，宜書字。故書法有不同爾。回山一刻，崇甯甲申（一一〇四），則此刻亦當在汴京之末。回山同游者，率陳臺徐巨源等夫，曰"率"皆其僚屬可知；中有左馮李明中、河曲宋子翼〔八〕。是刻以李純居首，不應涇游退在僚佐，是李純必非明中；而宋諮（之）〔九〕，或字子翼與否亦未詳。涇邠壤地相接，宦迹所至，皆有其題字，則事之可信者也。

校注記

〔一〕北宋·范仲淹撰《范文正集》卷十"祭文·祭尹師魯舍人文"，頁九、十；《景印文淵閣四庫全書》，第一〇八九册，第六六七至六六八頁。北宋·韓琦撰《安陽集》卷四十七"墓志 故崇信軍節度副使、檢校尚書、工部員外郎尹公墓表"，頁一至七；《景印文淵閣四庫全書》，第一〇八九册，第五〇八至五一一頁。按，另有"祭龍圖尹公師魯文"，載《安陽集》卷四十三"祭文"，頁一至二；《景印文淵閣四庫全書》，第一〇八九册，第四七九至四八〇頁。

〔二〕清·畢沅著《續資治通鑒》（第三册）卷四十三"宋紀四十三 仁宗慶曆元年（一〇四一）"，北京：中華書局，一九五七年版，第一〇二七、一〇二八頁、一〇二六、一〇二九、一〇三一頁。按，《通鑒》本《續資治通鑒》，葉昌熾或誤。

〔三〕元·脱脱等撰《宋史》（第二十八册）卷二百九十五"列傳第五十四 尹洙"，北京：中華書局，一九七七年版，第九八三四頁。

〔四〕北宋·韓琦撰《安陽集》卷四十七"墓志 故崇信軍節度副使、檢校尚書、工部員外郎尹公墓表"，頁五；《景印文淵閣四庫全書》，第一〇八九册，第五一〇頁。

〔五〕《詩·小雅·節南山》："我瞻四方，蹙蹙靡所騁。"

〔六〕該題名記刻于北宋"重修涇州回山王母宮頌（并序）碑"右上部，自右至左竪行，共四行，行一十六字，楷書，字大二厘米，不見録于《隴右金石録》。"母安之題名"見于清·繆荃孫撰《藝風堂金石文字目》卷八"宋 回山王母宮題刻三十五段"，清光緒三十二年（一九〇六）刻本，頁十八；收録于（臺灣）新文豐出版公司編輯部編《石刻史料新編》（第一輯 第二十六册），臺北：新文豐出版公司，一九七七年版，第一九六四七頁。今有學者釋讀其文："河東母（毋）安之率陳臺、徐巨源、濟南閻祐之、/轆郷張及之、青社閻丘時舉、左馮李明中、/商于張公美、河曲宋子翼、高密趙仲元、洛/陽張道濟，崇甯甲申歲（一一〇四）上巳後四日同游。/"參閱張多勇等《道教重要碑刻文獻——北宋重修涇州回山王母宮頌并序及碑陰、碑側題記考釋》，《西夏研究》，二〇二〇年一期，第八十八頁。按，張多勇等之文句讀時作"陳臺、徐巨源"或誤，陳臺爲地名（今山東菏澤杏花崗村西南，因陳思王曹植築臺而得名），當連作"陳臺徐巨源"。

〔七〕《周易·繫辭上》："安土敦乎仁，故能愛。"

〔八〕葉昌熾言李純等四人"《宋史》皆無傳"，但在《宋史》中可以找到他們的活動軌迹。

〔九〕或多一"之"字，即"宋諸或字子翼"。

韓稚圭、尹師魯題名（附李純等續題）原石

伯庸題名

三行。行九字，字約徑
二寸弱，右行，真書。

康定辛巳（一○四一）季春二十一日，／被 詔西撫經此，伯庸題，／和之同至。／

　　《韓魏公集》有"祭僕射王公伯庸文"云："僕承人乏，奮命西禦，久之未效，命公來撫。"〔一〕
伯庸爲王堯臣之字。《宋史·王堯臣傳》，仁宗朝兩被命安撫涇原，不言在何年月。考堯臣之初出也，
由翰林學士知審官院。陝西用兵，爲體量安撫使；將行，請曰：自元昊反，三年于今，關中凋敝，請
以詔勞來，賊平、蠲租賦〔二〕。按元昊僭號稱帝，反迹始彰。《續通鑒》寶元元年（一○三八）十月
甲戌，元昊築壇受册，遣使以僭號來告〔三〕。越明年，仁宗即改元康定，僅一年又改元慶歷〔曆〕。
此題在康定辛巳季春，辛巳爲二年，實即慶歷〔曆〕之元年。上推元昊僭號適及三年，則是刻堯臣初
至涇原時過邠所題，無可疑者。"傳"又載堯臣使還，言涇原近賊巢穴，最當要害，宜先備之。又言
韓琦、范仲淹忠義智勇，不當置之散地。明年賊果自鎮戎軍入寇，敗葛懷敏，關中鎮恐。仁宗思其言，
復以琦、仲淹爲招討使，而使堯臣再安撫涇原〔四〕。《續通鑒》葛懷敏戰没于定川寨，在慶歷〔曆〕
二年（一○四二）閏九月癸巳，其年十月甲寅，以翰林學士王堯臣爲涇原路安撫使〔五〕。傳所謂明年，
即《鑒》之慶歷〔曆〕二年（一○四二），題名之後一年也。堯臣兩至陝，中間僅隔一歲，以石刻證之，
安撫前後年月厘然可考。惟同游和之未詳耳。

校注記

〔一〕北宋·韓琦撰《韓魏公集》卷九"祭文"，康熙四十八年（一七○九）正誼堂刻本，頁十四。

〔二〕元·脱脱等撰《宋史》（第二十八册）卷二百九十二"列傳第五十一 王堯臣"，北京：中華書局，一九七七年版，
　　　第九七七二頁。下文"傳"即《宋史·王堯臣傳》，不再另注。

〔三〕清·畢沅著《續資治通鑒》（第三册）卷四十一"宋紀四十一 仁宗寶元元年（一○三八）"，北京：中華書局，

一九五七年版，第九七三、九七四頁。下文《鑒》即《續資治通鑒》，不再另注。

〔四〕元·脫脫等撰《宋史》（第二十八冊）卷二百九十二"列傳第五十一 王堯臣"，北京：中華書局，一九七七年版，第九七七二、九七七三、九七七三、九七七四頁。

〔五〕清·畢沅著《續資治通鑒》（第三冊）卷四十五"宋紀四十五 仁宗慶曆二年（一○四二）"，北京：中華書局，一九五七年版，第一○七四頁。

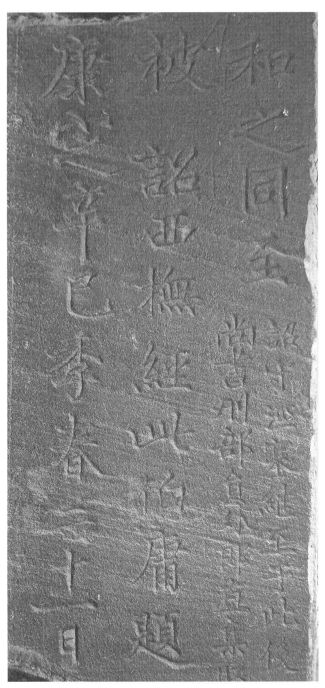

伯庸題名原石

伯庸題名拓片

滕宗諒題名

二行。一行十四字，一行十五字。
字約徑一寸稍弱，真書，右行。

尚書刑部員外郎、直集賢院滕宗諒 / 詔守涇塞，繼至于此。後二日，
謹識石室。/

　　滕宗諒字子京，河南人，與范文正同年舉進士，見《宋史》本傳。
子京又嘗與秘書丞劉越同上疏，請章獻太后還政。除左正言，遷左
司諫〔一〕。自爲諫官後，其事迹皆在“越傳”。即以“劉越傳”互
證之，宗諒自通判江甯府徙知湖州，元昊反，除刑部員外郎、直集
賢院、知涇州，題名結銜與史合。“越傳”下又言葛懷敏敗，諸郡
震恐，宗諒顧城中兵少，集農民數千，戎服乘城。會范仲淹自環慶
來援，宗諒設牛酒犒士。又籍定州，_{按定州非陝境，葛懷敏敗績于定川寨。《宋史》
此傳軍敗定州，及此“州”字皆當作“川”，淺}
_{人妄改“州”字，又
去“寨”字而誤也。}戰没者于佛寺祭之，厚撫其孥，于是邊民稍安。仲淹
薦以自代，擢天章閣待制，徙慶州〔二〕。考《續通鑒》葛懷敏定川
寨之役在慶歷〔曆〕二年（一〇四二）〔三〕，後題名一年。此時宗
諒尚未至涇州，翌歲即徙慶州，是宗諒守涇僅一年所。

　　此刻接“王堯臣題名”末一行後，承堯臣年月蟬聯而下。前
刻在康定辛巳（一〇四一）季春二十一日，此云後二日則爲三月
二十三日也。曰“繼至”別于和之言“同至”，則是堯臣已去，而
宗諒始來。蓋堯臣由翰林學士出爲涇原安撫，而宗諒自湖州徙知涇
州，同時之官先後道出邠州，相值而又適相左也。宗諒後知蘇州，
卒在吾郡，亦有循聲。

滕宗諒題名拓片

校注記

〔一〕元·脱脱等撰《宋史》（第二十九册）卷三百三“列傳第六十二 滕宗諒（劉越附）”，北京：中華書局，一九七七年版，第一〇〇三七頁。按，“劉越傳”附“滕宗諒傳”後，下文亦略作“越傳”。

〔二〕元·脱脱等撰《宋史》（第二十九册）卷三百三“列傳第六十二 滕宗諒（劉越附）”，北京：中華書局，一九七七年版，第一〇〇三七、一〇〇三八頁。按，中華書局點校本《宋史·滕宗諒傳》已校改“定州”爲“定川”。

〔三〕清·畢沅著《續資治通鑒》（第三册）卷四十五“宋紀四十五 仁宗慶曆二年（一〇四二）”，北京：中華書局，一九五七年版，第一〇七六頁。

王沖題名

三行。前後二行行九字，字約徑二寸。末五字自第三行右行而上，在中間一行略偏下截，字體略小。真書，單綫長方圍。

西賊寇邊之涇州，相度／營寨回。慶曆壬午（一〇四二）首冬／八日王沖題。／

　　"興慶池祓宴詩"石刻在西安府學，前有慶歷〔曆〕壬午（一〇四二）張子定序，作者十八人，范雍居首，末一章爲秘書丞、通判乾州軍州事王沖〔一〕。《金石萃編》據《宋史·王旦傳》，旦三子，雍國子博士，沖左贊善大夫〔二〕，而不詳其官秘書丞、判乾州，此王氏誤也。旦子名沖，其字從"仌"〔三〕。《宋史》有兩王沖，其一爲王堯臣從父，堯臣官秘書省著作郎，爲沖連坐，出知光州，見本傳〔四〕。此兩人名皆從"仌"，與"沖"不同。作"沖"者，史無傳，姓名惟見此兩石刻，亦皆在慶歷〔曆〕二年（一〇四二）〔五〕。興慶池詩頗可誦，詩云："駘蕩青郊祓禊辰，東池冠蓋集嘉賓。逍遥共入華胥國，綽約誰逢洛浦神。障展露花長樂際，袍欹烟草曲江濱。遥知臺斾行春暇，起作元釣輔弼人。"《宋詩紀事》亦載其"次韵范公仲淹游雲門"一首〔六〕，見《萃編》〔七〕。

王沖題名原石

校注記

〔一〕清·王昶輯《金石萃編》（第四册）卷
一百三十三"宋十一 興慶池禊宴詩"，嘉
慶十年（一八〇五）經訓堂刻本（《石刻
史料新編》影印版），頁一至六。此處當
爲"王沖"，"王沖"爲葉昌熾誤寫。

〔二〕元·脱脱等撰《宋史》（第二十七册）卷
二百八十二"列傳第四十一 王旦"，北京：
中華書局，一九七七年版，第九五五二、
九五五三頁。《金石萃編》有對《宋
史·王旦傳》之徵引，分析王沖職務，
見清·王昶輯《金石萃編》（第四册）卷
一百三十三"宋十一 興慶池禊宴詩"，嘉
慶十年（一八〇五）經訓堂刻本（《石刻
史料新編》影印版），頁九。

〔三〕此處葉昌熾或多誤。葉昌熾首次所引《金
石萃編》即誤將"沖"作"冲"，其後多誤，
當源于首次所引之誤。王昶撰《金石萃編》
所録王沖官職"秘書丞、通判乾州軍州事"
并非王氏所徑添，而是原刻即存。後葉昌
熾言《宋史·王旦傳記》載其子爲"王冲"，
"冲"從二點水"仌"（仌，同"冰"），
又誤，或是所參照版本有誤，或是其他原
因。實則《金石萃編》《宋史·王旦傳》
所載皆爲"王沖"。

〔四〕元·脱脱等撰《宋史》（第二十八册）卷
二百九十二"列傳第五十一 王堯臣"，
北京：中華書局，一九七七年版，第
九七七二頁。按，《宋史·王堯臣傳》所
載王堯臣從父王沖，葉昌熾言"王沖"或誤。

〔五〕按,此王沖題名題刻之王沖與《金石萃編·興
慶池禊宴詩》石刻之王沖當爲一人，王昶撰
《金石萃編》已點明，但尚未詳説。其職
務皆是秘書丞、通判乾州軍州事。王沖題

王沖題名拓片

名題刻意或爲：西賊元昊軍侵犯宋之涇州邊境，王沖作爲秘書丞、通判乾州軍州事前往，對宋之營寨分析、建議後返回。“興慶池禊宴詩”爲上巳節（三月三）所題，早于王沖題名題刻之首冬（當爲初冬，即十月）；王沖爲秘書丞、通判乾州軍州事，秘書丞爲古代掌管文籍等事之官，而通判乾州軍州事，即對乾州軍州事的監察。乾州即今之乾縣，熙寧三年（一〇七〇）乾州廢，或因此故，王沖職務于宋史無細載。《宋史・王旦傳》載其子王沖爲左贊善大夫，左贊善大夫相當于諷諫、贊禮、教授文籍等文官職務，與秘書丞有相通處，尤其是乾州廢後，王沖或以左贊善大夫終老。推斷，此二題刻之王沖與《宋史・王旦傳》之王沖或爲一人。

〔六〕清・厲鶚輯撰《宋詩紀事》（上）卷十七“王沖 次韵范公游雲門（仲淹）”：“高躡五雲堆，平看萬象開。樵風溪路遠，華雨梵天來。刹倚三峰直，鐘傳萬壑回。叨陪上方燕，依約近中臺。（《雲門志略》）”上海：上海古籍出版社，一九八一年版，第四三六頁。

〔七〕清・王昶輯《金石萃編》（第四册）卷一百三十三“宋十一 興慶池禊宴詩”，嘉慶十年（一八〇五）經訓堂刻本（《石刻史料新編》影印版），頁九。

程戡等題名

十五行。行三字，大字，約徑四
寸强，真書，周邊單綫甚寬。

慶曆四 / 年（一〇四四）孟夏 / 三日，都 / 漕內閣 / 程戡勝 / 之、鹽鐵 / 副使魚 /

周詢裕 / 之、宮苑 / 使周惟 / 德輔賢，/ 因奉 / 命西陲 / 體量，經 / 此，戡題。/

　　《續通鑒》慶歷〔曆〕四年（一〇四四）三月甲戌，命鹽鐵副使魚周詢、宮苑使周惟德往陝西，
同都轉運使程戡相度鑄錢及修水洛城利害以聞。先是韓琦以修城爲不便，奏罷之，鄭戩故請終役。
知渭州尹洙及涇原副都部署狄青相繼論列，以爲修城有害無利。議不決，故譴周詢等行視〔一〕。此
即其奉使所題，魚周詢自洛至陝，偕程戡自陝至邠，計程千餘里，簡書在道，非半月不達。故三月
甲戌命下，四月三日軺軒始過邠郊，留題而後去也，非還車所紀，亦可以年月知之。
　　程戡、魚周詢《宋史》皆有傳，戡由三司戶部副使擢天章閣待制、陝西都轉運使，魚周詢水洛
之役在爲三司鹽鐵副使時〔二〕。石刻結銜，皆合轉運漕臣，故戡于京銜上但署都漕，魚周詢不書三
司字，皆省文。魚傳又稱“周詢是戩議”〔三〕，而《續通鑒》亦云劉滬、董士廉督役，不從洙命，
洙怒欲以違節度斬之，吏民詣周詢等訴，周詢等奏釋滬、士廉，卒城之。但以周詢爲主，同列姓名
不具書〔四〕。《范文正集》有爲修永洛城 _{“永”爲“水”字之}_{形訛，《續通鑒》辨之}〔五〕乞委魚周詢等勘鞫狀，亦不及戡〔六〕。而
此題則以戡居首，又似戡專領其事者，蓋論官則戡爲尊，在陝言陝，名從主人，禮也。故先戡，次
魚周詢，次周惟德。王人雖微，書于諸侯之上，春秋義也。周詢銜命而出，史官載筆，外臣安得而先之。
至周惟德，史無傳。據《宋史·職官志》宮苑、騏驥、內藏庫使，爲武臣散階〔七〕。其資序尚輕，雖
被詔，偕行從大夫，後備員而已，故鑱壁在附驥之列。《宋史》于程、魚兩傳亦略不書也。戡仕至鄜
延路經略安撫使，周詢知永興軍改知成德軍，未行卒，并見本傳〔八〕。兩人功名，蓋同以西陲終云。

校注記

〔一〕清・畢沅著《續資治通鑑》（第三冊）卷四十六"宋紀四十六 仁宗慶曆四年（一〇四四）"，北京：中華書局，一九五七年版，第一一一〇、一一一一頁。

〔二〕元・脫脫等撰《宋史》（第二十八冊）卷二百九十二"列傳第五十一 程戡"、（第二十九冊）卷三百二"列傳第六十一 魚周詢"，北京：中華書局，一九七七年版，第九七五五頁、一〇〇一〇頁。《宋史・魚周詢傳》下文略作"魚傳"。

〔三〕元・脫脫等撰《宋史》（第二十九冊）卷三百二"列傳第六十一 魚周詢"，北京：中華書局，一九七七年版，第一〇〇一一頁。此處指魚周詢同意鄭戩的觀點，修建水洛城。

〔四〕清・畢沅著《續資治通鑑》（第三冊）卷四十六"宋紀四十六 仁宗慶曆四年（一〇四四）"，北京：中華書局，一九五七年版，第一一一一頁。按，董士濂多作"董士廉"，後文不再贅注。

程戡等题名原石

程戡等题名拓片

〔五〕清·畢沅著《續資治通鑒》（第三册）卷四十六"宋紀四十六 仁宗慶曆三年（一○四三）"，北京：中華書局，
　　一九五七年版，第一一○二頁。

〔六〕北宋·范仲淹撰《范文正奏議》卷下"薦舉 奏爲劉滬、董士廉修永洛城乞委魚周詢等勘鞫"，頁五十四、
　　五十五；《景印文淵閣四庫全書》，第四二七册，第六十六頁。按，此"永洛"爲"水洛"之誤。如葉昌熾所言，
　　該奏文并未提及程戡。

〔七〕元·脱脱等撰《宋史》（第十三册）卷一百六十八"志第一百二十一 職官八·合班之制"，北京：中華書局，
　　一九七七年版，第三九九三頁。

〔八〕元·脱脱等撰《宋史》（第二十八册）卷二百九十二"列傳第五十一 程戡"、（第二十九册）卷三百二"列傳
　　第六十一 魚周詢"，北京：中華書局，一九七七年版，第九七五六、一○○一三頁。

王素題名

三行。行五六七字，字徑
三四寸均不等，行書。

**天章閣待制王／素過此，慶曆／乙酉（一〇四五）
五月六日題。／**

　　王素，王旦子，字仲儀。自慶曆〔曆〕至
治平、三鎮、涇原，此其初去渭州時所題也。《宋
史》父子皆有傳，"旦傳"云三子，長雍、次沖，
素其季也〔一〕。"素傳"云仁宗思其賢，擢天
章閣待制、淮南郡〔都〕轉運按察使，吏畏而
愛之，改知渭州。坐市木河東，有擾民狀，降
華州〔二〕。《續通鑒》慶曆〔曆〕四年（一〇四四）
六月甲戌以天章閣待制，王素知渭州；七年秋
九月降知渭州張亢知磁州〔三〕。據此，則七年
九月以前渭州已非王素。素何時去，亢何時來，
史不詳歲月。慶曆〔曆〕五年（一〇四五）歲
在乙酉，觀此刻題乙酉五月，則素于五年夏已
離渭州，自渭至華，邠爲中頓。據《續通鑒》
是年曩霄已受封册，其夏遣使來賀；乾元節五
月歸石元孫，兵禍既弭，邊境少甯〔四〕。故素
雖降官以去，山川于役，猶得從容而揮翰也。
渭已謝事，華未到官，故新舊銜皆略不書。

王素題名原石

校注記

〔一〕元·脱脱等撰《宋史》（第二十七册）卷二百八十二“列傳第四十一 王旦”，北京：中華書局，一九七七年版，第九五五二、九五五三頁。

〔二〕元·脱脱等撰《宋史》（第三十册）卷三百二十“列傳第七十九 王素”，北京：中華書局，一九七七年版，第一〇四〇二、一〇四〇三頁。按，“淮南郡轉運按察使”《宋史·王素傳》記載爲“淮南都轉運按察使”，葉昌熾將“都”作“郡”，或誤。

〔三〕清·畢沅著《續資治通鑒》（第三册）卷四十六“宋紀四十六 仁宗慶曆四年（一〇四四）”、卷四十九“宋紀四十九 仁宗慶曆七年（一〇四七）”，北京：中華書局，一九五七年版，第一一一八、一一八一頁。按，慶曆四年（一〇四四）六月庚戌以天章閣待制王素知渭州，葉昌熾作“六月甲戌”，或誤。

〔四〕清·畢沅著《續資治通鑒》（第三册）卷四十七“宋紀四十七 仁宗慶曆五年（一〇四五）”，北京：中華書局，一九五七年版，第一一三九、一一四六頁。曩霄，西夏開國皇帝李元昊之名。石元孫，宋將領，大將石守信之孫，三川口之戰被俘；宋、夏議和後，石元孫被放還。此時邊境稍得安寧。

王素題名拓片

張翼題名

三行。行字疏密、大小均不等，首行
十一字，末行擠寫作十四字，真書。

義渠監兵、供奉官張翼因領 / 帥令詣寧看 / 親回，慶曆五年（一○四五）五月廿三日午時題。/

　　《宋史》有張翼附"文苑・鄭起傳"，善爲詩，官不達，其人在汴京，初且爲文士，非此張翼
也〔一〕。義渠，古西戎國，秦昭王殺義渠戎王即其地〔二〕。在漢爲北地郡，在宋爲永興軍路，環、
慶、邠、寧四州之地〔三〕。張翼結銜用古地名，未詳四州屬何州。寧州彭原郡，今爲董志縣丞地，
在慶陽府治之東〔四〕。若自慶州詣寧州看親，邠非所經，竊疑翼即爲邠州武職。尋此刻但云"詣寧
看親回"，"回"下不着一字，明其歸程即至邠州而止，"帥"下泐一字，似"命"又似"令"。

　　按《續通鑒》慶曆〔曆〕五年（一○四五）正月乙酉，以參知政事范仲淹知邠州兼陝西四路緣
邊安撫使〔五〕；又按文正集有"邠州建學記"云：慶曆〔曆〕甲申之明年春，予爲邠守，謁夫子廟，
明年夏功畢〔六〕。甲申爲四年，明年至邠則五年矣，又明年爲六年，范公尚在邠，此刻題于五年五月，
則邠帥必范公也。又考"文正年譜"，慶曆〔曆〕四年（一○四四）十二月經略司管勾何涉有母在蜀中，
迎侍不得，公舉涉充益梓路通判，以便奉親，俾全孝道〔七〕。翼之得稟命省親事正同此。詩云"王
事靡鹽，不遑將父"，孝經云"資于事父以事君"，公其有以體人子之心哉。

　　又按《宋史・張亢傳》，于葛懷敏敗後，兩知渭州。其兄奎，仁宗分陝西爲四路，擢天章閣待制、
環慶路經略安撫招討使、知慶州，以父名餘慶辭，不許〔八〕。兄弟皆以列宿名，當慶曆、皇祐間，
宦迹皆在西陲。不云父諱而云父名，則其父未没，可知翼亦列宿名之一，安知不亦爲餘慶之子。從
兩兄在西，以一官自效，因其父就養兄舍，故往來省之，詞說雖無徵，其時、其人、其地頗不徑庭，
孤存之，以備一說。

校注記

〔一〕元・脱脱等撰《宋史》（第三十七册）卷四百三十九"列傳第一百九十八 文苑一・鄭起"，北京：中華書局，一九七七年版，第一三○一二頁。

〔二〕義渠，古代國名，國都在今甘肅慶陽西南，以西爲古西戎國（葉昌熾言義渠爲古西戎國，或誤），秦昭襄王時古義渠國被滅，後融入華夏族。

〔三〕按，古義渠國都之今甘肅慶陽地，秦昭襄王滅其國後，置北地郡，沿至漢、晋；宋乾德（九六三至九六八）初復置慶州，慶曆元年（一○四一）改環慶路；宣和七年（一一一九）改慶陽府，與分設的環州、甯州同屬永興路。題刻此時，古義渠國之地乃當時的環慶路，下文葉昌熾言慶州實亦古地名，因此時慶州已改爲環慶路。

〔四〕按，甯州今甘肅慶陽寧縣，西魏始稱寧州，一直延續至清；清同治十二年（一八七三）在此設董志縣丞。

〔五〕清・畢沅著《續資治通鑒》（第三册）卷四十七"宋紀四十七 仁宗慶曆五年（一○四五）"，北京：中華書局，一九五七年版，第一一三七頁。

〔六〕葉昌熾節録于北宋・范仲淹撰《范文正集》卷七"記・邠州建學記"，頁六、七；《景印文淵閣四庫全書》，第一○八九册，第六二四頁。

〔七〕佚名編《范文正公年譜補遺》，明嘉靖時兆文等校刊本，頁十九。

〔八〕元・脱脱等撰《宋史》（第三十册）卷三百二十四"列傳第八十三 張亢"，北京：中華書局，一九七七年版，第一○四八九、一○四九一頁。

太原王稷等題名

三行。二行十五字，末一行十六字，字曰徑三寸弱。右行，真書。

太原王稷治臣、下邳余藻君章、穎川陳 / 拱德正臣、彭城劉邃深之、虢略楊承用 / 用之、江夏李周宗旦，慶曆六年（一〇四六）冬至日題。/

　　自王稷以下，《宋史》皆無傳。惟別有一"李周傳"，云字純之，馮翊人，不字宗旦。又至哲宗時始出知邠州〔一〕，元祐以前宦轍未嘗至西陲，則非此李周也。《范文正公集》有"依韵酬邠州通判王稷太博"詩云："南圃日日接英標，公外追隨豈待招。惡勸酒時圖共醉，痛贏棋處肯相饒。一抛言笑如何遣，頻得音書似不遥。獨上西樓爲君久，滿城明月會雲銷。"〔二〕又"邠州建學記"云慶歷〔曆〕甲申（一〇四四）之明年春，予得請爲圃城守，通守太常王博士稷告予夫子廟甚隘，群士無所安，議改卜于府之東南隅，以兵馬監押劉保、節度推官楊承用共掌役事。博士朝夕視之，明年夏厥功告畢〔三〕。此題王稷暨後楊承用即其人，皆范公幕僚也。

　　"彌陀象贊"〔四〕稷結銜爲行軍司馬、晋陽縣開國子，蓋宋之通判與唐之行軍司馬同爲幕職，贊用古官名，范公所書者宋官也。慶歷〔曆〕甲申（一〇四四）爲四年，據范公記明年始至邠，又明年夏功始畢，是爲慶歷〔曆〕六年（一〇四六）。今此刻題于六年冬至，則在斯干〔五〕落成以後，宜其命儔嘯侶〔六〕登臨，以樂此佳節也。余藻"太原晋祠碑"側亦有其題名，云"大宋至和二年（一〇五五）四月十日邢佐臣、余藻同來"〔七〕。至和二年（一〇五五）在此題後九年，藻當自邠州改官晋陽，但未知其何秩耳。

　　又按，《粤西金石略》臨桂、龍隱諸岩有余藻題名四通，皆與孔延之長源、姚原道彦聖同游。一在治平元年（一〇六四）仲冬十八日後書，雁門質夫題于洞之左崖；一在仲冬二十七日，提點刑獄余藻質夫書；一在臘後一日，提刑余藻書岩石以紀；一在治平二年（一〇六五）立夏後二日〔八〕。藻題姓名雖同，一字君章，一字質夫，雁門與下邳又兩望，未敢定爲一人。陳拱德、劉邃無考。虢略，宋虢州，雄，虢郡，治在唐爲弘農縣，宋建隆初改常農，至道三年（九九七）始改虢略〔九〕。王之太原、陳之潁川、劉之彭城皆郡望。楊承用不書弘農，而變文言"虢略"者，"弘"字犯宣祖諱，故以今名改之也〔一〇〕。江夏亦李氏十二郡望之一。

又按，鄠縣草堂寺有李周"雙檜聯句詩"，元祐壬申（一〇九二）秋八月後有男處訥、處□〔一一〕，李純之曾爲陝西轉運使，此或其所題耳。

校注記

〔一〕元·脱脱等撰《宋史》（第三十一册）卷三百四十四"列傳第一百三 李周"，北京：中華書局，一九七七年版，第一〇九三四頁、一〇九三五頁。

〔二〕北宋·范仲淹撰《范文正集》卷四"律詩·依韻酬邠州通判王稷太博"，頁十二；《景印文淵閣四庫全書》，第一〇八九册，第五九〇頁。

〔三〕葉昌熾言節録于北宋·范仲淹撰《范文正集》卷七"記·邠州建學記"，頁六；《景印文淵閣四庫全書》，第一〇八九册，第六二四頁。

〔四〕"彌陀象贊"爲下一則題刻。

〔五〕斯干，指建築宮殿，此處代指邠州夫子廟。典出《詩·小雅·斯干》："秩秩斯干，幽幽南山。"

〔六〕命儔嘯侣，指招乎意氣相投的人，一道從事某一活動。典出三國魏·曹植《洛神賦》："衆靈雜遝，命儔嘯侣。"

〔七〕清·胡聘之輯《山右石刻叢編》卷十三"晋祠銘碑碑陰碑側題名十六段"，清光緒辛丑（一九〇〇）刻本，頁十三；收録于（臺灣）新文豐出版公司編輯部編《石刻史料新編》（第一輯 第二十册），臺北：新文豐出版公司，一九七七年版，第一五二二四頁。

〔八〕清·謝啟昆輯《粵西金石略》卷三"余藻題名"，清嘉慶六年（一八〇一）刻本，第八、九頁；收録于（臺灣）新文豐出版公司編輯部編《石刻史料新編》（第一輯 第十七册），臺北：新文豐出版公司，一九七七年版，第一二四九二、一二四九三頁。按，厓，同"崖"，《粵西金石略》即作"崖"字。

〔九〕元·脱脱等撰《宋史》（第七册）卷八十七"志

太原王稷等題名原石

第四十 地理三 陝西・虢州”，北京：中華書局，
一九七七年版，第二一四五頁。按，“雄”爲唐代
州的等級之一，“雄”屬第一等。

〔一〇〕言“虢略”而不“弘”，是避宋宣祖趙弘殷諱。此
處“弘”字又皆缺最後一點，爲葉昌熾避清高宗
乾隆皇帝弘曆諱而缺筆。

〔一一〕清・繆荃孫撰《藝風堂金石文字目》卷九“宋 草
堂寺題刻十八段・李周等雙檜聯句詩”，清光緒
三十二年（一九〇六）刻本，頁十二；收錄于（臺
灣）新文豐出版公司編輯部編《石刻史料新編》
（第一輯 第二十六册），臺北：新文豐出版公司，
一九七七年版，第一九六五九頁。按，《藝風堂
金石文字目》祇提及“男處訥跋”，而未有“處□”，
此題刻或葉昌熾親見。按，北宋李周“雙檜聯句”：
“古宇列雙檜，森鬱攲檐角。……五松慚忝位，
秦封受殊渥。”

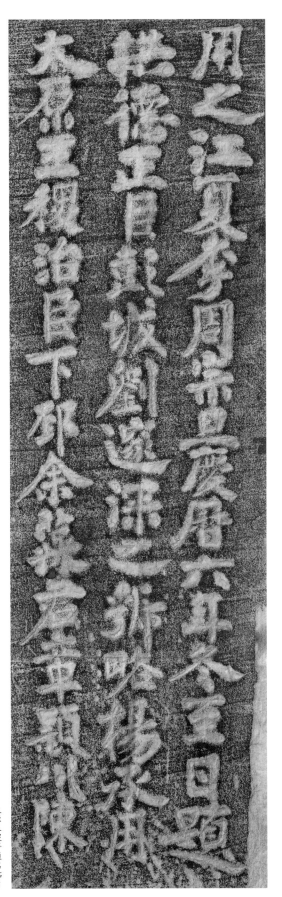

阿彌陀象贊

九行。行三十二字，字徑一寸。右首上方爲陳奕禧題名，磨損一角，下半截亦泐。真書，右行，通行直綫。左手下欄外刊字人姓名七字，大徑六七寸。

阿彌陀像贊并序 /

佛〔一〕化三身，感而必應。教行千日，信而遂通。樹□緣利，□□有□。□□□□□□□□ / 行軍司馬、晋陽縣開國子王公名稷，英才□□，□望□□，且（?）于（?）公□□□□□□□ / □□□□□□□□□□□□□□國盡冰霜之節登朝□□□之□□□□□□□□□ /……河㥄尺□□□□□□□□□念莊〔二〕□□ /……人□□于□□□□之（?）□□□□□□于沙□ / 孔□□心起□□相□（足?）□□□□□□□□ /……年秋八月十有五日壬（?）寅（?）陸（?）□□□□□□ /〔三〕

太原刊字武懷寶 /

康熙癸亥（一六八三）五月十三日安 / 邑同令、浙江陳奕禧、轉運 / 金城，瞻禮閣下，勒石紀游。/

右刻殘蝕，惟前三行之上半截有字可釋。行軍司馬、晋陽縣開國子王公稷，官爵、姓名尚巍然無恙。字體精嚴，有唐經生風格。非此寥寥十餘字，鮮不以爲唐刻矣。紀年亦泐，惟存"秋八月十有五日"字。以王稷證之，知亦爲慶歷〔曆〕中刻，"壬寅"下"陸"字當是撰書人之姓，而名亦闕。王稷繕完橫舍，又布金于祇〔祇〕園之地，其人亦風雅好事者，宜范公樂與游處也。武懷寶一鐫工，而大書姓名，逾于碑字三倍强。至和二年（一〇五五）史世則〔四〕一石亦其所刻，"武懷寶刊"四字橫列在右，行疏而短，皆非石刻所經見。康熙陳奕禧題名矗右上角而刻之，削方爲圓，香泉先生之好古，何不學至此，亦貞珉之一厄也。

校注記

〔一〕原文爲“仏”，异體字。

〔二〕原文爲“莊”，异體字。

〔三〕按，疑爲唐刻，待考。

〔四〕見後文“史世則、馬清題名”，原書卷二，頁三十一。

李丕旦題名

一行直下十五字，字約徑二寸稍强。
年月小字雙行在下，下泐，真書。

德順通理李丕旦泊進士王因同到此，/ 慶曆下闕/月〔一〕
二十……/

　　"丕旦"二字當一字，似草押，但真書耳。按《范文正公集》有"同
州觀察使李公神道碑"云：天禧三年（一〇一九）七月甲戌制日刑部侍郎
士衡可三司使。公字天均，隴西成紀人也。今上即位，拜尚書左丞，除同
州觀察使，知陳州改潁州，會曹襄悼公得罪，公以親累，分司西京，還長
安，以天聖十年（一〇三二）五月二十六日薨。男六人，丕顯、丕績皆早
世，丕諒太常博士、集賢校理、邠寧環慶路兵馬鈐轄，後公十一年而亡；
丕緒尚書水部郎中，丕遠殿中丞，丕旦國子博士〔二〕。據此文丕旦爲士
衡之第六子，《宋史·李士衡傳》後但附丕緒，其餘五子皆不書〔三〕。《階
州續志·名宦傳》引《王華陽集·李公墓志銘》云李丕旦字晦之，寶元間
以大理寺丞監階州酒稅〔四〕。士衡天聖十年（一〇三二）卒，即明道元
年（一〇三二），丕諒之亡後十一年，則爲慶歷〔曆〕三年（一〇四三）
中。閱寶元二年（一〇三九）、康定一年（一〇四一），丕旦寶元間以大
理寺丞監階州稅。而范公書其官曰國子博士，結銜不合，是范公作此文時
丕旦已改官，但不知何時赴德順軍耳。

　　考《東都事略》，韓魏公"以籠竿城據衝要，乞建爲德順軍，以敵蕭關
鳴沙之道"〔五〕。《續通鑒》慶歷〔曆〕三年（一〇四三）春正月辛卯，詔陝
西沿邊招討使韓琦、范仲淹，建渭州籠竿城，爲德順軍，用王堯臣議也〔六〕。
《宋史·地理志》德順軍，慶歷〔曆〕三年（一〇四三），即渭州隴干城建爲軍。
所屬有隴干一縣、水洛一城，静邊、得勝等五寨，中安、威戎兩堡〔七〕。丕旦

李丕旦題名原石

題于慶歷〔曆〕間，正當韓、范諸公論列之後，巍然百堵，版築方新，且爲涇原重鎮，王禹玉文稱階州叛羌渝盟，丕旦單騎至其區落，責以背約，衆泣謝無敢犯。階人德之，爲立生祠〔八〕。必有邊才，聞于朝著。岩疆初建，擇能而界之，宜矣。《續通鑒・考异》云：《籠竿史志》作隴干，《九域志》作隴竿〔九〕，皆聲訛，實一地也。余奉使度六盤山，登絶頂有碉寨，額題“隴干鎖鑰”字；其下即古之瓦亭寨，彈箏峽亦經此。

《范文正集》後附“尺牘”有“與通理虞部書”，又有“翰長學士”“安撫太保”諸函〔一〇〕，以此例推，則“通理”亦官名也。涇州回山王母宫與邠接壤，有皇祐元年（一〇四九）權守郡事王正倫、通理郡事馮維師題名〔一一〕，通理與權守對文，在郡守之下，可知通理猶通守，貳郡之通稱也。余初得此刻，援羊城九曜石“南容、少連、夷吾題名”之例〔一二〕，此寺題名“无〔元〕老、廷老、介夫”一刻〔一三〕亦不書姓名而書字，以“德順、通理、丕旦”爲三人之字。及詳考而始知，丕旦爲李士衡之子名也，非字也；德順之爲軍名也，通理之爲官稱也。附書于此，以告世之考古者，未可師心而臆説也。至進士王因，則不敢强不知以爲知已。

校注記

〔一〕 原石“慶曆”後爲“三歲四 / 月二十一日題 /”。

〔二〕 北宋・范仲淹撰《范文正集》卷十一“碑銘・宋故同州觀察使李公神道碑銘”，頁二十四、二十九、三十；《景印文淵閣四庫全書》，第一〇八九册，第六八一、六八四頁。按，曹襄悼公即曹利用。《宋史》有傳，曹利用，字用之，爲李仕衡二女婿，死後賜謚襄悼。元・脱脱等撰《宋史》（第二十八册）卷二百九十“列傳第四十九 曹利用”，北京：中華書局，一九七七年版，第九七〇五至九七〇八頁。按《范文正集》作“李士衡”，宋史作“李仕衡”。

〔三〕 元・脱脱等撰《宋史》（第二十八册）卷二百九十九“列傳第五十八 李仕衡”，北京：中華書局，一九七七年版，第九九三六至九九三八頁。

〔四〕 清・葉恩沛修，清・吕震南纂《階州直隸州續志》卷二十三“名宦上”，光緒十二年（一八八六）刻本，頁十、十一。按，《王華陽集》即王珪撰《華陽集》，“李公墓志銘”載北宋・王珪撰《華陽集》卷五十“朝奉郎尚書虞部員外郎監鳳翔府上清太平宫兼兵馬都監護軍李君墓志銘”，頁二、三；《景印文淵閣四庫全書》，第一〇九三册，第三七一頁。

〔五〕 南宋・王稱撰《東都事略》未載。原文北宋・李清臣撰《韓忠獻公琦行狀》，收録于南宋・杜大珪編《名臣碑傳琬琰之集》卷四十八“韓忠獻公琦行狀”，頁七；《景印文淵閣四庫全書》，第四五〇册，五七二頁。按，原文爲“以蔽蕭關鳴沙之道”，葉昌熾將“蔽”作“敵”，或誤。

〔六〕 清・畢沅著《續資治通鑒》（第三册）卷四十五“宋紀四十五 仁宗慶曆三年（一〇四三）”，北京：中華書局，一九五七年版，第一〇八〇頁。

〔七〕 元・脱脱等撰《宋史》（第七册）卷八十七“志第四十 地理三”，北京：中華書局，一九七七年版，第二一五八頁。

〔八〕 北宋・王珪撰《華陽集》卷五十“朝奉郎尚書虞部員外郎監鳳翔府上清太平宫兼兵馬都監護軍李君墓志銘”，

頁三;《景印文淵閣四庫全書》,第一〇九三册,第三七一頁。按,王禹玉即王珪,字禹玉。

〔九〕清·畢沅著《續資治通鑑》(第三册)卷四十五"宋紀四十五 仁宗慶曆三年(一〇四三)",北京:中華書局,一九五七年版,第一〇八〇頁。按,"史志"即《宋史·地理志》。

〔一〇〕北宋·范仲淹撰《范文正集》尺牘卷下"翰長學士""安撫太保""通理虞部",攤藻堂藏四庫全書薈要本,頁十五至十七。

〔一一〕清·繆荃孫撰《藝風堂金石文字目》卷八"宋 回山王母宮題刻三十五段·王正倫等題名",清光緒三十二年(一九〇六)刻本,頁十七;收錄于(臺灣)新文豐出版公司編輯部編《石刻史料新編》(第一輯 第二十六册),臺北:新文豐出版公司,一九七七年版,第一九六四七頁。按,該題名的詳細信息見今學者釋讀其文:"權守郡事王正倫、通理郡 / 事馮維師、護屯兵楊保順、/……炎宋皇祐元年己丑歲(一〇四九)秋 / 八月十八日洛陽平叔題。/"參閱張多勇等"道教重要碑刻文獻——北宋重修涇州回山王母宮頌并序及碑陰、碑側題記考釋",《西夏研究》二〇二〇年一期,第八十四、八十五頁。按,該題刻相關信息并未有詳細著錄,當是葉昌熾所親見,葉昌熾邠州石室錄成書遠早于《隴右金石錄》。

〔一二〕清·翁方綱輯《粵東金石略》卷附第一"九曜石考上"題刻:"少連、夷吾、南容,癸酉清明前二日來。"乾隆三十六年(一七七一)刻本,頁十五。收錄于(臺灣)新文豐出版公司編輯部編《石刻史料新編》(第一輯 第十七册),臺北:新文豐出版公司,一九七七年版,第一二四五四頁。按,此題刻之前有另一則:"呂少衛、方夷吾、南容、蘇少連會,飯藥洲,泛舟觀九曜石,紹興壬申(一一五二)二月二十有二日。"根據兩則題刻看,二題刻所題當皆爲名,而非字。

〔一三〕見後文"无〔元〕老、廷老、介夫題名",原書卷二,頁三十七。

李丕旦題名拓片

李盃題名

一行直下九字，字約徑
一寸二三分，真書。

李盃再到，因留題于是。/

　　此刻無年月，一行寥寥十餘字，附前題之後。丕旦既通判德順軍，其兄丕諒又終于邠甯環慶路兵馬鈐轄，宦轍往來，邠爲孔道，宜其一再題名于此也。

李盃題名原石

劉几、廖浩然等題名

六行。行五六字不等，
字約徑二寸。正書。

劉几、廖浩然、／楊禹圭、裴子／良、胡拱辰、李／之才，皇祐二年（一〇五〇）／三月一日同游，／薛周題。／

　　《宋史》有兩劉几，其一在汴京末，謙靖先生劉愚之子，附其父"隱逸傳"〔一〕，年月不合。其一爲劉温叟之孫、燁之子。按，温叟傳子炤、炳、燁，燁子几，字伯壽，以燁任爲將作監主簿，折節讀書，第進士，從范仲淹辟，通判邠州。孫沆薦換如京使，歷知甯、邠、涇三州，遷西上閣門使，再歸郎中班。曾公亮薦之，復以嘉州團練使爲太原涇原路總管。夏人寇瓦亭堡，轉運使陳述古攝渭帥，几移文索援兵，不聽；率諸將偕請，又不聽，乃趣以手書。述古怒，移几鳳翔，且劾生事。朝廷遣御史出案〔按〕，述古黜，几亦改鄜州，召判三班院〔二〕。蓋几以任子起家，入范公幕，自後揚歷所至，常在西陲。

　　此題在皇祐二年（一〇五〇）三月，不書結銜，未詳其時爲何官。考《續通鑒》，陝西轉運使陳述古，坐擅知渭州日擅移涇原副總管劉几權知鳳翔，降少府監、知忻州，在治平二年（一〇六五）二月〔三〕。上距皇祐之初已逾十載。又考"几傳"，其知邠州時，儂智高犯嶺南，上書願自效，疾馳至長沙，見狄青，大戰于歸仁鋪，賊平。始進皇城使、知涇州〔四〕。儂智高之叛在皇祐四年（一〇五二）夏，逾年而平。皇祐二年（一〇五〇）几尚未至廣南，范公于慶歷〔曆〕五年（一〇四五）十一月即自邠州改知鄧州，此時几已離幕府。以此推之，必其知邠州時所題，無可疑也。

　　自廖浩然以下皆其幕僚。治易之李之才，據《宋史》本傳，初爲衛州獲嘉主簿，再調孟州司法參軍。中書舍人葉道卿薦改大理寺丞、緱氏令。龍圖閣直學士吳遵路辟澤州判官，卒于懷州〔五〕，官舍始終未嘗至邠州。此題李之才與青社李挺之先生姓名雖同，必非一人。廖、楊、裴、胡，《宋史》皆無傳。惟薛周，元祐諸賢頗稱道之〔六〕。蘇子瞻詩有"和劉長安題薛周逸老亭詩"一首，稱周善飲酒，未七十而致仕。王龜齡注：劉長安，劉敞原父也。詩云："近聞薛公子，早退驚常流。"又云：

劉几、廖浩然等題名原石

"翻然拂衣去，親愛挽不留。隱居亦何樂，素志庶可求。" 〔七〕誦其詩，論其世，蓋亦隱君子之流也。坡詩作于鳳翔，在嘉祐辛丑（一〇六一）、壬寅（一〇六二）間，周年未七十，則皇祐二年（一〇五〇），計其年纔逾五旬，正在服官政之日，此時或亦爲幕職。蕭寺同游，執簡以從大夫之後，片石幸傳，又得坡詩以證明之，亦其高風亮節，自足以千古也。又按，胡拱辰，《宋史》亦有同姓名者一人，附《忠義·宋應龍傳》，德祐末知興化縣，城陷死〔八〕。

校注記

〔一〕元·脫脫等撰《宋史》（第三十八冊）卷四百五十九"列傳第二百一十八 隱逸下·劉愚"，北京：中華書局，
　　　一九七七年版，第一三四六七頁。

〔二〕元·脫脫等撰《宋史》（第二十六冊）卷二百六十二"列傳第二十一 劉温叟（子燁、孫几）"，北京：中華書局，
　　　一九七七年版，第九〇七四至九〇七六頁。按，《宋史》作"夏人寇周家堡"，葉昌熾作"夏人寇瓦亭堡"，或誤。
　　　"宋史"作"出按"，葉昌熾作"出案"，或誤。出按，出外巡察意；出案，張榜意。

〔三〕清·畢沅著《續資治通鑒》（第四冊）卷六十三"宋紀六十三 英宗治平二年（一〇六五）"，北京：中華書局，

劉几、廖浩然等題名拓片

一九五七年版，第一五三五頁。

〔四〕元・脫脫等撰《宋史》（第二十六冊）卷二百六十二“列傳第二十一 劉温叟（子燁、孫几）”，北京：中華書局，一九七七年版，第九〇七五、九〇七六頁。按，“几傳”即《宋史・劉几傳》。

〔五〕元・脫脫等撰《宋史》（第三十七冊）卷四百三十一“列傳第一百九十・儒林一・李之才”，北京：中華書局，一九七七年版，第一二八二三至一二八二五頁。按，緱氏，今河南偃師東南。

〔六〕薛周有“留題樓觀”題詩，其人及其家族信息參閱清・王昶輯《金石萃編》（第四冊）卷一百三十九“宋十七 薛紹彭書樓觀詩三段”，嘉慶十年（一八〇五）經訓堂刻本（《石刻史料新編》影印版），頁一至四。

〔七〕北宋・蘇軾撰，南宋・王十鵬注釋《東坡詩集注》卷九“和劉長安題薛周逸老亭，周善飲酒，未七十而致仕”，頁四、五；《景印文淵閣四庫全書》，第一一〇九冊，第一三三頁。按，王十鵬，字龜齡。

〔八〕元・脫脫等撰《宋史》（第三十八冊）卷四百五十四“列傳第二百一十三 忠義九・宋應龍”，北京：中華書局，一九七七年版，第一三三四九頁。

通判鄧永世等題名

八行。一行五字、一行四字相間。字大小不等，約徑
三四寸上下。年月一行擠一字，略小。真書，右行。

通判鄧永世、/ 巡檢趙青、/ 知縣閻仲甫、判官文同、/ 書記賀撫辰、/ 推官李育，/ 至和二年（一〇五五）三月 / 六日同游。/

　　《宋史·文苑傳》文同，字與可，梓州梓潼人，漢文翁之後，猶以“石室”名其家。初舉進士，稍遷太常博士、集賢校理，知陵州，又知洋州。元豐（一〇七八至一〇八五）初，知湖州〔一〕。據此刻結銜，同爲太常博士、集賢校理，之前又嘗爲邠州判官，而史不詳。按，《四庫提要》《丹淵集》四十卷、《拾遺》二卷、《年譜》一卷，宋文同撰。同皇祐元年（一〇四九）進士，解褐爲邛州軍事判官，後歷知陵州、洋州。改湖州，未上而卒，今畫家稱文湖州，從其終而言之也〔二〕。《提要》云云，當據年譜，然則同爲幕職，又自邛州量移而至邠州，此刻在至和二年（一〇五五）三月，上距同皇祐初解褐已七易歲，浮湛一官，始終不離軍州幕職，亦可爲數奇矣。蘇子瞻《送文與可出守陵州詩》“奪官遣去不自覺，曉梳脱髮誰能收”〔三〕，言其淡于仕進，不以一官介懷，蓋實錄也。
　　自通判鄧永世以下皆邠州庶僚，事蹟無考。按《宋史·職官志》，宋初懲五代藩鎮之弊，置諸州通判。建隆四年（九六三），詔諸府公事須長史、通判簽議連書，方許行下，所以分太守之權也。其職綦重，大郡置二員，餘一員。其下即爲幕職官，有簽書判官聽公事，省文亦可稱簽判。又下爲推、判官，判即同官，推即李育官也，推官位次于判官，而文牘往往稱推判，時俗相沿，亦便文也。又下爲節度掌管書記，則賀撫辰之官是也，州之幕職盡于此。若知縣爲親民之吏，巡檢武臣有沿邊溪峒都巡檢、有蕃漢都巡檢，亦有無“都”字者，一州一縣，掌巡邏、譏察之事〔四〕，軍州雖得而監臨之要，非幕職，故列判官之前。以通判領銜者，太守未至也。此刻與“劉几題名”皆在慶歷〔曆〕以後，觴咏高會，文武咸集，非曩霄息兵、西陲無事安得有此？！

通判鄧永世等題名原石

通判鄧永世等題名拓片

校注記

〔一〕元·脱脱等撰《宋史》（第三十七册）卷四百四十三"列傳第二百二 文苑五·文同"，北京：中華書局，
一九七七年版，第一三一〇一頁。

〔二〕《四庫提要》即《四庫全書總目提要》。文同相關記載見《景印文淵閣四庫全書總目》（第四册）卷一百五十三"集
部 别集類六"之"丹淵集四十卷、拾遺二卷、年譜一卷、附録二卷，浙江鮑士恭家藏本"，頁十、十一；《景
印文淵閣四庫全書總目》，第一一九頁。相似文字見北宋·文同撰，北宋·家誠之編《丹淵集（拾遺）》頁一至六；
《景印文淵閣四庫全書》，第一〇九六册，第五五三至五五六頁。

〔三〕北宋·蘇軾撰，南宋·王十鵬注釋《東坡詩集注》卷十五"送文與可出守陵州"，頁七；《景印文淵閣四庫全書》，
第一一〇九册，第二八〇頁。

〔四〕元·脱脱等撰《宋史》（第十二册）卷一百六十七"職官七"，北京：中華書局，一九七七年版，第三九七四、
三九七五、三九八二頁。

史世則、馬清題名

七行。前三行行五字，後四行行四字。行前密後疏，前長後縮；字
前小後縱，錯落不齊。刊人姓名，一行六字，在後。真書，右行。

東頭供奉官 / 史世則，同與 / 西頭供奉官 / 馬清，監兵 /

涇原，至和 / 二年（一〇五五）五月 / 六日志。/ 里人武懷寶刊，/ 高行者 / 捧硯。/

  涇原路治渭州，《宋史·職官志》武臣叙遷之制，自三班借職，一轉爲奉職，再轉爲左右班殿直，三轉爲左右侍禁，四轉即爲東頭供奉官、西頭供奉官〔一〕。其資尚淺，内臣亦有供奉官，隸内侍省，但于東頭、西頭上加"内"字，以別之〔二〕。此無内字，則史世則、馬清皆武臣也。

  刻字人武懷寶此題"里人"，而王稷"阿彌陀象贊"亦其所刻，又冠以"太原"二字，當是其郡望，而所居則在邠也。

  其下有"高行者捧硯"，考石刻惟題名有"捧硯"之例，余撰《語石》得三通，一爲華陰廟高紳題名^{咸平}，夷直捧硯；一爲七星岩朱顯之題名^{慶歷〔曆〕二年（一〇四二）}，男諷捧硯；一爲啓母廟王郅、陳彪、王淵題記^{政和戊戌（一一一八）}，捧硯劉天錫〔三〕。得此又增一刻，《語石》脱稿在度隴之前，未見此刻，補記于此。

校注記

〔一〕元·脱脱等撰《宋史》（第十二册）卷一百六十九"志第一百二十二 職官九"，北京：中華書局，一九七七年版，第四〇二九、四〇三〇頁。

〔二〕元·脱脱等撰《宋史》（第十二册）卷一百六十六"志第一百一十九 職官六"，北京：中華書局，一九七七年版，第三九三九頁。

〔三〕清·葉昌熾撰《語石》卷五"題名八則"，宣統元年（一九〇九）刻本，頁三十三、三十四；《續修四庫全書》，第九〇五册，第二五六、二五七頁。

史世則、馬清題名原石

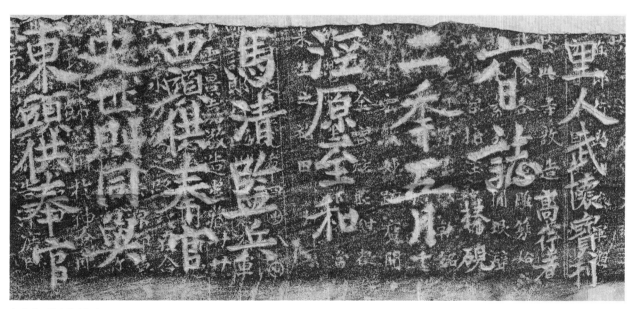

史世則、馬清題名拓片

曹穎叔題名

二行。一行居中，九字直下，字約徑二寸弱。年月一行在左，殺三之一，俱真書。年月下有渦紋，是亦磨去舊題重刊者。

曹穎叔秀之按歷過此，/ 嘉祐己亥（一〇五九）寒食日題。/

　　曹穎叔字秀之，亳州譙人，《宋史》有傳。此刻在嘉祐己亥（一〇五九），嘉祐改元值丙申（一〇五六），己亥爲四年。傳稱穎叔爲開封府判官，時元昊死，爲祭奠使〔一〕，邠州正其所經驛程。按，《續通鑑》夏遣楊守素來告其主曩霄之喪命，開封府判官曹穎叔爲祭奠使，賜絹布羊米麵酒如例，在慶曆〔曆〕八年（一〇四八）二月〔二〕。下推嘉祐，中隔皇祐、至和，在己亥前逾十載，非奉使時所題也。

　　又考本傳，穎叔後除直史館，知鳳翔府，徙益州路轉運使，擢天章閣待制，知福州，累遷右司郎中、陝西都轉運使，進龍圖閣直學士、知永興軍卒〔三〕。以其所歷官考之，當是總陝漕時所題。成都諸葛亮武侯祠堂亦有穎叔題名^{在唐柳公綽所書碑陰}，在皇祐庚寅（一〇五一）仲春廿六日〔四〕。計其時，穎叔爲蜀漕，宦轍先後，厘然甚明。蜀題名華參子高書，而此刻不署書人名，或即其自書耳。傳又稱穎叔初名熙，因夢更名穎叔，進士及第，韓琦、文彥博嘗薦其才。在陝請罷鑄諸郡鐵錢，停兩川和買絹給陝西兵，其惠政亦頗多可紀云〔五〕。

校注記

〔一〕　元・脫脫等撰《宋史》（第二十九冊）卷三百四"列傳第六十三 曹穎叔"，北京：中華書局，一九七七年版，第一〇〇七〇、一〇〇七一頁。

曹穎叔題名原石

〔二〕清·畢沅著《續資治通鑑》（第三册）卷四十九"宋紀四十九 仁宗慶曆八年（一〇四八）"，北京：中華書局，一九五七年版，第一一九四頁。

〔三〕元·脱脱等撰《宋史》（第二十九册）卷三百四"列傳第六十三 曹穎叔"，北京：中華書局，一九七七年版，第一〇〇七一頁。

〔四〕今觀此碑及拓片，其題名在碑右中部："曹穎叔秀之、靳宗説嚴夫、/孫長卿次公、唐中和育之/同謁昭烈祠。皇佑（祐）庚寅/仲春廿六日，華参子高志。/"葉昌熾言曹穎叔題名在碑陰，或誤。該碑的題名題刻情況，參閱王曉喬《唐"蜀丞相諸葛武侯祠堂碑"後代題刻初探》，《四川文物》，二〇一七年四期，第三十四頁。按，王曉喬誤將碑文題名中"皇祐"録爲"皇佑"。

又按，唐柳公綽書"諸葛武侯祠堂碑"相關信息見清·王昶輯《金石萃編》（第三册）卷一百五"唐六十五 諸葛武侯祠堂碑"，嘉慶十年（一八〇五）經訓堂刻本（《石刻史料新編》影印版），頁二十五至三十三。宋曹穎叔題名收録于《寰宇訪碑録》，祇言其在四川成都，無其他信息；見清·孫星衍撰《寰宇訪碑録》卷六，清嘉慶七年（一八〇二）刻本，頁二十五；收録于（臺灣）新文豐出版公司編輯部編《石刻史料新編》（第一輯 第二十六册），臺北：新文豐出版公司，一九七七年版，第一九三八頁。

〔五〕元·脱脱等撰《宋史》（第二十九册）卷三百四"列傳第六十三 曹穎叔"，北京：中華書局，一九七七年版，第一〇〇七〇、一〇〇七一頁。

曹穎叔題名拓片

太原陟景昇題名

三行。行九字，字約
徑二寸上下，真書。

嘉祐伍年（一〇六〇）五月十一日 / 因往涇原等路，太原陟 / 景昇至此記。/

　　陟景昇未詳。按鄧名世《姓氏書辨證・二十九葉》有涉姓，其先晋大夫涉佗，以邑爲氏，潞州涉
縣即其地也。引晋涉賓、漢涉何爲證〔一〕。然其字從水，非"陟降"之"陟"從阜之字，姓氏書皆不
載，廣韵亦不言有陟姓。

校注記

〔一〕南宋・鄧名世撰，南宋・鄧椿年編《古今姓氏書辨證》卷四十"二十九葉 涉"，頁十二；《景印文淵閣四庫全書》，
　　　第九二二册，第三七九頁。

嘉祐伍年五月十二日

因往涇原等路太原阵

景昇至此記

師聖

太原阵景昇題名原石

太原阵景昇題名拓片

廣平宋永之等題名

廣平宋永之等題名原石

四行。行八九字不等，字徑一二寸，大小亦不等。底有直綫兩行，行闊至四寸許。倒薤紛披，疑有篆文磨去重刻。真書，右行。

廣平宋永之、弟孝之，/ 同曹允中、鄧仲堅，侄 / 壽之偕游是閣，時甲辰 / 九月十有七日題。/

　　熙甯丙辰（一〇七六）宋唐輔題名"觀前太守叔父二公題刻"〔一〕，當即指永之、孝之也。夫曰：太守永之亦嘗知邠州矣，而兄弟皆不見于史，何也？唐輔自署洛陽，考汴京之初，宋爲著姓。公序兄弟官最顯，初爲安州安陸人，後徙開封之雍邱。宋持正湜父子，京兆長安人。宋公垂父子綬其子，即宋敏求次道，趙州平棘人。惟孝章皇后之父宋偓爲洛陽人。《宋史》本傳稱其爲後唐莊宗外孫，漢祖之婿，女爲太祖後，貴盛鮮與爲比〔二〕。此刻諸宋疑出其後，曹、鄧亦皆爲貴族，而允中、仲堅皆無考，紀年但書甲辰而無建元，由熙甯丙辰上推第一甲辰爲治平元年（一〇六四），故附此。

校注記

〔一〕 "熙甯丙辰（一〇七六）宋唐輔題名"在本題名之後，原書卷二，頁五十四。

〔二〕 宋庠，字公序，爲宋祁之兄。宋湜，字持正。宋綬，字公垂，其子宋敏求字次道。宋庠、宋湜、宋綬、宋偓之傳載元·脫脫等撰《宋史》（第二十七冊）卷二百八十四"列傳第四十三 宋庠"、（第二十八冊）卷二百八十七"列傳第四十六 宋湜"、（第二十八冊）卷二百九十一"列傳第五十 宋綬"、（第二十五冊）卷二百五十五，北京：中華書局，一九七七年版，第九五九〇、九六四五、九七三二、九七三六、八九〇五、八九〇七頁。

廣平宋永之等題名拓片

无〔元〕老、廷老、介夫題名

三行。前一行密，十一字，字徑二寸稍弱。後二行疏，
行祇八字，字徑三寸尚强。上下齊平，真書，右行。

治平乙巳（一〇六五）三月十九日，无〔元〕老、
/ 廷老、介夫同游，隴干 / 夢得題，美之預焉。/

　　宋唐輔題名"弟廷老書"〔一〕，此題三人
內亦有廷老，疑一人。然熙甯丙辰（一〇七六），
上距治平乙巳（一〇六五）逾十二年之久。廷
老既有題字在前，續題何以不追述？且其登閣
爲"觀叔父二公題刻"前，此未嘗見，即未嘗
游可知，仍當在闕疑之例。又按，《東坡集》
有"次韻王廷老詩"二首，又有"送王伯揚守
虢詩"，自注王廷老字伯揚〔二〕。陜虢誠相近，
然此刻書字不書名，錢唐石屋洞有王廷老題名
二通、水樂洞一通，皆熙甯中刻〔三〕。此則東
坡之友，而未可以概邠刻也。宋人以介夫、夢
得爲字者數見不鮮，鄭監門俠字介夫、孫狀元
抃字夢得〔四〕名最著，然未嘗至邠。同游皆字，
題者不應獨書名。"夢得"自非吾家少蘊先生〔五〕。
范祖禹字淳父，一字夢得，然所見同時人詩文
皆相稱以淳父〔六〕。"晋祠題名"有崔君授夢
得〔七〕，其人無他事迹可考，均未可援爲此題
之證。

无〔元〕老、廷老、介夫題名原石

美之同游，附書人之後，既非續至，又不與三人同列，書法特異，均所未詳。隴干不專指籠竿城，邠、涇以高原分界，今長武縣城即在高原之上，自高原而下過涇州登絡盤山頂，樹木爲闕，猶書"隴干鎖鑰"字。古樂府所歌"隴頭水"〔八〕即指此，其地古通謂之隴干。

校注記

〔一〕"熙甯丙辰（一〇七六）宋唐輔題名"在本題名之後，原書卷二，頁五十四。

〔二〕北宋·蘇軾撰《東坡全集》卷十"詩四十七首·次韵王廷老和張十七九日見寄、次韵王廷老退居見寄二首"、卷十六"詩八十八首·送王伯揚守虢"，頁七、八、十一、十二，頁三至四；《景印文淵閣四庫全書》，第一一〇七册，第一六九、一七一頁，二四四頁。按，《景印文淵閣四庫全書》本《東坡全集》及其他版本如南宋刻本"東坡集"等皆不見"自注"。自注見北宋·蘇軾撰，南宋施元之注《施注蘇詩》卷十五"詩四十二首·次韵王廷老退居見寄二首（王廷老，字伯揚）"，頁二十六；《景印文淵閣四庫全書》，第一一一〇册，第三二三頁。

〔三〕清·阮元編《兩浙金石志》卷六"宋熙甯戊申（一〇六八）至元祐□□四十二種·宋王廷老等石屋洞題名、宋王廷老等水樂洞題名"，頁七至八；收録于（臺灣）新文豐出版公司編輯部編《石刻史料新編》（第一輯 第十四册），臺北：新文豐出版公司，一九七七年版，第一〇三二二頁。

〔四〕鄭俠，字介夫。孫抃，字夢得。元·脫脫等撰《宋史》（第三十册）卷三百二十一"列傳第八十 鄭俠"、（第二十八册）卷二百九十二"列傳第五十一 孫抃"，北京：中華書局，一九七七年版，第一〇四三四至一〇四三七、九七七六至九七七八頁。

〔五〕葉夢得，字少藴。元·脫脫等撰《宋史》（第三十七册）卷四百四十五"列傳第二百四 文苑七 葉夢得"，北京：中華書局，一九七七年版，第一三一三二至一三一三六頁。

〔六〕范祖禹，字淳父（甫），一字夢得，《宋史》無傳。其名其字，古書多有記載，此處不一一贅注。按，"淳"字皆缺一筆，當是因避諱清穆宗載淳。

〔七〕待考。清·胡聘之輯《山右石刻叢編》卷十三"晉祠銘碑碑陰碑側題名十六段"無記載該條信息，清光緒辛丑（一九〇〇）刻本，頁十三至十七；收録于（臺灣）新文豐出版公司編輯部編《石刻史料新編》（第一輯 第二十册），臺北：新文豐出版公司，一九七七年版，第一五二二四至一五二二六頁。

〔八〕隴頭水，漢樂府名。《樂府詩集·橫吹曲辭一 隴頭》，宋郭茂倩題解："一曰隴頭水。"

朱□等題名

二行。一行十二字，一行八字，字約徑二寸。真書，右行。刻畫淺率，剥泐已極。

朱□悔叔、□杭鵬舉，治平丙午（一〇六六）/ 季冬二十三日同游。/

　　二朱事迹均無考。"朱"下，上一字似"治"，下一次字似"杭"，細如游絲，窮目力而後辨。丙午，英宗即位之三年（一〇六六）。考《續通鑒》，是歲邊帥程戡、孫沔相繼卒。夏諒祚舉兵入寇，環慶經略安撫使蔡挺，以柔遠城惡，命副使總管張玉將重兵守之。諒祚圍大順城，中流矢，遁去。復寇柔遠，爲張玉所却。冬十月，以同簽書樞密院郭逵爲陝西四路沿邊宣撫使，兼權知渭州〔一〕。蓋自元昊納款以後，至是西邊又騷然不靖。歲云暮矣〔二〕，棣萼來游，正在大順、柔遠解圍以後。

校注記

〔一〕清·畢沅著《續資治通鑒》（第四册）卷六十四"宋紀六十四 英宗治平三年（一〇六六）"，北京：中華書局，一九五七年版，第一〇五七、一〇五八頁。

〔二〕歲云暮矣，指一年之末、一年將要到頭了。典出唐杜甫《歲宴行》詩："歲云暮矣多北風，瀟湘洞庭白雪中。"

仲遠題名

三行。一行二字，字約徑二寸强，
年月二行略小。真書，右行。

仲遠 / □平□（四）年三 / □□六日游（？）/

　　《宋史·蔡齊傳》從子延慶字仲遠，中進士第，神宗時帥高陽，移定武。元祐中入爲工部、吏部侍郎卒〔一〕。此即其所題也。“平”上“三”下皆泐一字，當是治平四年（一〇六七）三月。考本傳延慶中第後，由通判明州，歷福建路轉運判官，提點京東、陝西刑獄。神宗初，以集賢校理、開封府推官知河中府〔二〕。英宗崩于治平四年（一〇六七）正月丁巳，三月神宗初即位。此時延慶正在陝西提刑任内。

　　華陰岳廟延慶題名二通，一在熙寧六年（一〇七三）官秦鳳路都轉運使時，而其文追述前游，有云“治平丁未（一〇六七）領本路提點刑獄，謁祠下”〔三〕。丁未即治平四年（一〇六七），一歲之中之華、之邠，蓋皆一時按部事。此刻之出于延慶，延慶之即爲仲遠，以兩刻互證，益信而有徵矣。一在元豐己未（一〇七九），結銜爲龍圖閣直學士、涇原路經略使，史不書，但言王韶入朝，延慶攝熙帥，則史略也〔四〕。曲陽北岳廟亦有延慶題名二通，一元豐八年（一〇八五）在皇祐韓琦碑側，一元祐二年（一〇八七）在大中祥符碑側〔五〕，當是帥高陽時所題也。傳稱延慶有學問、惠政，登高作賦本大夫九能之一，宜其所至留題也。此刻剥蝕已甚，年月之外僅有仲遠二字，亦在若有若無間，而證之史傳，參以他刻。歷官年月，若合符節，不啻編年之可紀焉。此石刻之有資于考史也。

校注記

〔一〕元·脱脱等撰《宋史》（第二十六册）卷二百八十六“列傳第四十五 蔡齊（從子延慶）”，北京：中華書局，一九七七年版，第九六三八、九六四〇頁。

〔二〕元·脱脱等撰《宋史》（第二十六册）卷二百八十六“列傳第四十五 蔡齊（從子延慶）”，北京：中華書局，一九七七年版，第九六三八頁。

〔三〕 清·王昶輯《金石萃編》(第四册)卷一百二十八"宋六 華岳廟題名八十六段·蔡延慶題名",嘉慶十年(一八〇五)
經訓堂刻本 (《石刻史料新編》影印版),頁二十四、二十五。

〔四〕 清·王昶輯《金石萃編》(第四册)卷一百二十八"宋六 華岳廟題名八十六段·蔡延慶題名",嘉慶十年(一八〇五)
經訓堂刻本 (《石刻史料新編》影印版),頁二十八。

〔五〕 皇祐韓琦碑即北宋皇祐二年(一〇五〇)韓琦書"大宋重修北岳廟記",大中祥符碑即北宋大中祥符九年(一〇一六)
陳彭年撰文"北岳安天元聖帝碑銘",現皆立于河北曲陽北岳廟,基本保存完好。此二題名詳細信息不見著録,
或是葉昌熾所親見。按,二碑相關信息見清·王昶輯《金石萃編》(第四册)卷一百三十四"宋十二 大宋重修
北岳廟記"、卷一百三十"宋八 北岳安天元聖帝碑銘",嘉慶十年(一八〇五)經訓堂刻本 (《石刻史料新編》
影印版),頁一至七、十三至二十。元豐八年(一〇八五)題名見録于清·孫星衍撰《寰宇訪碑録》卷七"北
岳蔡延慶題名",清嘉慶七年(一八〇二)刻本,頁十六;收録于(臺灣)新文豐出版公司編輯部編《石刻史
料新編》(第一輯 第二十六册),臺北: 新文豐出版公司,一九七七年版,第一九九五一頁。元祐二年(一〇八七)
題名待考。

曹起題名

六行。行四字，字徑
二寸稍强，真書。

曹起仲昌，／元防微
仲，／侄寔清臣，／
熙甯戊申（一〇六八）
／季夏中旬／日同游
此。／

呂汲公名大防，
字微仲〔一〕。元防
亦字微仲，其亦如長
卿之慕藺生歟？侄寔
繫微仲之後，似屬元。
然曹起又居首，或統
于所尊，未知其爲曹

曹起題名原石

爲元，此書法之疏也。熙甯戊申（一〇六八）即爲改元之歲，夏主諒祚新殂，其子秉常立，神宗亦御
宇未久，兩國吊賀，必有一介往來，二仲或爲使副，未可知也。

校注記

〔一〕宋呂大防，字微仲，因先祖汲郡，後世稱其爲呂汲公。元·脫脫等撰《宋史》（第三十一册）卷三百四十"列
　　傳第九十九 呂大防"，北京：中華書局，一九七七年版，第一〇八三九頁。

智周叔侄題名 附杜良臣題名

三段相連。橫列第一段四行，第二段三行略高，第三段六行。行皆二字，字約徑一寸二三分，大小相等，均真書。前一段俗書漫漶，與再經一段筆迹懸絶。底有泐字，除未盡，疑即智周前題磨治重刻，不相蒙。

智周叔侄題名原石

智周 / 再經 / 此，□……/

二叔 / 太尉 / 親筆 / 題字， / 侄頓 / 刊石。/

杜良臣 /，园堂、 / 园聰 / 刊石。/

　　觀 "再經" 二字，此爲續題，前游必尚有題字，而今佚矣。其下又有續題，云二叔太尉親筆、侄頓刊石，此寺有熙甯安頓題名〔一〕。以二刻互證，知此頓之爲安頓，又知智周之姓亦爲安。宋皇祐間，安俊爲西州名將，字智周，久在邊，必其人也。按《宋史・安俊傳》，其先太原人，仁宗爲皇太子，俊以將家子選爲資善堂祗侯。及即位，補右班殿直，累遷環州都監。破趙元昊吃啷、井那諸砦。安撫使韓琦上其功，遷内殿崇班、環慶路都監，徙涇原。葛懷敏敗，命爲秦鳳路鈐轄，復徙涇原，因條上禦戎十三事，改原州。秦州築古渭城，蕃部大擾，徙秦鳳路總管，歷龍神衞、捧日天武四廂都指揮使，

智周叔侄題名拓片（局部）

環慶路副總管。卒，贈閬州觀察使〔二〕。平生戰功、事蹟皆在西邊，邠州自其熟游之地。

太尉武選第一階，史以散官，故略不書。傳又言環州得俘虜，种世衡問孰畏，曰畏安太保，指俊于座曰，此長髯將軍也〔三〕。安頓叙叔官，必無誤。而虜稱爲太保者，按《宋史·職官志》合班之制，太傅次太尉，太保又次太傅。注云，國朝以來自太傅除太尉〔四〕。世衡得虜之時，智周或尚未進于太尉也。

末一字爲草押，與元豐五年（一〇八二）趙諒謁華岳題名正同〔五〕。涇州回山王母宮亦有智周題名，皇祐四年（一〇五二）仲秋二十有二日，書姓名不書字；其後有熙甯九年（一〇七九）其子定國續題〔六〕，今皆存。

又按，杜良臣一通冪刻在舊題之上，疑即爲智周前一刻書，迹雖拙率，自然逸宕，亦宋人筆也。兩"园"字中皆泐，"园"疑爲"圓"之俗體。以本寺"李寬題名"僧從顯、從忍例之，圓堂、圓聰兩釋子名也。"草堂寺題名"元祐壬申（一〇九二）張保源澄之，僧紹蒙、紹希〔七〕，蘇子瞻"臘日游孤山訪惠勤、惠思二僧"〔八〕，亦同此例。

校注記

〔一〕見下一則題刻，原書卷二，頁四十六。

〔二〕元·脫脫等撰《宋史》（第三十冊）卷三百二十三"列傳第八十二 安俊"，北京：中華書局，一九七七年版，第一〇四六七、一〇四六八頁。

〔三〕元·脫脫等撰《宋史》（第三十冊）卷三百二十三"列傳第八十二 安俊"，北京：中華書局，一九七七年版，第一〇四六八頁。

〔四〕元·脫脫等撰《宋史》（第十二冊）卷一百六十八"志第一百二十一 職官八 合班之制·建隆以來合班之制"，北京：中華書局，一九七七年版，第三九八七頁。

〔五〕清·王昶輯《金石萃編》（第四冊）卷一百二十八"宋六 華岳廟題名八十六段·趙諒題名"，嘉慶十年（一八〇五）經訓堂刻本（《石刻史料新編》影印版），頁二十九、三十。

〔六〕 清‧繆荃孫撰《藝風堂金石文字目》卷八 "宋 回山王母宮題刻三十五段‧安俊題名"，清光緒三十二年（一九〇六）刻本，頁十七；收錄于（臺灣）新文豐出版公司編輯部編《石刻史料新編》（第一輯 第二十六冊），臺北：新文豐出版公司，一九七七年版，第一九六四七頁。

〔七〕 清‧王昶輯《金石萃編》（第四冊）卷一百四十 "宋十八 草堂寺題名二十七段"，嘉慶十年（一八〇五）經訓堂刻本（《石刻史料新編》影印版），頁一。

〔八〕 北宋‧蘇軾撰，南宋‧王十鵬注釋《東坡詩集注》卷十九 "臘日游孤山訪惠勤、惠思二僧"，頁二十八至二十九；《景印文淵閣四庫全書》，第一一〇九冊，第三九〇頁。

安頓題名

安頓題名拓片

後半泐，存八行，行三字，
大字徑四寸强，真書。

安頓四 / 路往復，/ 幾三紀，/ 常游慶 /

壽。今宰 / 新平，再 / 登像閣，/ 熙寧戊 / _{下闕} / 〔一〕

　　年月已不完，"熙寧"下但存"戊"字。熙寧元年（一〇六八）值戊午，越十年戊申則爲元豐元年（一〇七八），此刻非戊午元年即元豐改元之歲，亦得爲熙寧十一年（一〇七八）也〔二〕。"四路"者，按《宋史·地理志》慶歷〔曆〕元年（一〇四一）分陝西沿邊爲秦鳳、涇原、環慶、鄜延四路〔三〕。地之相去不啻二三千里，三紀往復則逾三十年矣。而僅僅以百里自效，頓亦數奇矣哉。新平，邠之附郭，縣自隋唐以來爲邠州治所。安頓將家子，而書法似端人正士，入顏平原之室。此刻與"智周題名"後一段精整如一，知其爲手書也。史不附俊傳，幸有石刻以傳之。

校注記

〔一〕根據題刻可知，其"下闕"之字爲："申（一〇六八）□月 / 望日題，/ 男龜年 / 侍行。/"

〔二〕熙寧元年（一〇六八）爲戊申年，元豐元年（一〇七八）爲戊午年，葉昌熾所言對應相反，似誤。

〔三〕元·脱脱等撰《宋史》（第七册）卷八十七"志第四十 地理三 陝西"，北京：中華書局，一九七七年版，第二一四三頁。

劉宗杰等題名

四行。行五字，字約徑二寸。
真書，右行，四面雙綫爲圍。

河南劉宗杰、／宗韓、宗度，侍／親游此，乙酉／二月初三日。／

　　三劉史無傳，考《粵西金石略》臨桂諸山"劉誼曾公岩記"及與張頡、曾子宣題名，同游皆有劉宗杰。〔一〕"曾公岩記"附唱和詩劉宗杰一首，云："謝公高興在東山，尋得仙岩郡邑邊。萬朵蓮峰凝碧乳，一溪鳴玉逗寒泉。由來物外無塵景，須信壺中有洞天。嶺服已安襃詔近，莫將歸夢更留連。"〔二〕其結銜爲權發遣提點刑獄公事、尚書屯田員外郎，其餘題名皆署提點刑獄、太常博士。元豐二年（一○七九）六月初三日伏波岩一通，宗杰下有"唐輔"二字，以前苗時中子居，後齊諟子期例之，亦其字也。雉山張頡、龍隱岩曾布兩通皆題洛陽劉宗杰，與此刻同。而叠綵山一通獨易以"永安"字〔三〕。考《宋史‧地理志》京西北路河南府有永安縣，在鞏縣西四十里，河南府即洛陽〔四〕，書邑望則曰永安，書郡望則曰洛陽，其實一也。

　　臨桂諸刻皆在元豐初張頡雉山元年八月初七日，又迴穴八月二十四日，劉誼曾公岩記二年九月二十六日，曾布龍隱岩二年四月二十日，又迴穴五月一日，又叠綵山六月初三日，又伏波岩與上同日，又水月洞中秋，元豐元年（一○七八）值戊午，此刻乙酉當爲神宗熙甯二年（一○六九），是時宗杰年尚幼，從宦在邠，板輿登眺，伯歌季舞，依依孺子之慕。越八年而至元豐初，則可以出而仕矣。以其時考之，無不合〔五〕。又按劉誼元豐三年（一○八○）尚有題名三通，前題諸子如陳倩、齊諟仍在同游之列，而宗杰姓名不見。雉山岩寺三年十二月廿七日一通，彭次雲結銜爲提點刑獄〔六〕。然則二年以後，宗杰已經去粵，而彭來代之，其踪迹可考見者如此。

校注記

〔一〕臨桂之龍隱岩、叠綵山、伏波岩、水月洞等地題刻中有"劉宗杰"者數量較多，如"張頡題名""劉誼曾公岩記""曾布題名"等，清‧謝啓昆輯《粵西金石略》卷四"宋三"，清嘉慶六年（一八○一）刻本，頁一至五；收錄于（臺

劉宗杰等題名原石　　　　　　　　　　　　　　　　劉宗杰等題名拓片

灣）新文豐出版公司編輯部編《石刻史料新編》（第一輯 第十七冊），臺北：新文豐出版公司，一九七七年版，
第一二四九八至一二五〇〇頁。

〔二〕清·謝啓昆輯《粵西金石略》卷四"宋三 劉誼曾公岩記·和權發遣提點刑獄公事、尚書屯田員外郎劉宗杰"，
清嘉慶六年（一八〇一）刻本，頁三；收錄于（臺灣）新文豐出版公司編輯部編《石刻史料新編》（第一輯
第十七冊），臺北：新文豐出版公司，一九七七年版，第一二四九九頁。

〔三〕清·謝啓昆輯《粵西金石略》卷四"宋三·曾布題名"，伏波岩題刻爲："起居舍人、龍圖閣待制、知桂州
曾布子宣，轉運使、尚書度支郎中、直賢院陳倩君美，副使殿中丞苗時中子居，提點刑獄、太常博士劉宗杰唐輔，
提舉常平、秘書丞齊諶子期，官勾常平、前江山縣丞劉誼益父，元豐二年（一〇七九）六月初三日自風洞游伏
波岩。"叠綵山題刻爲："南豐曾布子宣、蒲城陳倩君美、符離苗時中子居、永安劉宗杰唐輔、歷陽齊諶子期、
長興劉誼益父，元豐二年（一〇七九）六月初三日同游。"清嘉慶六年（一八〇一）刻本，頁五、四；收錄于（臺
灣）新文豐出版公司編輯部編《石刻史料新編》（第一輯 第十七冊），臺北：新文豐出版公司，一九七七年版，
第一二五〇〇、一二四九九頁。

〔四〕元·脫脫等撰《宋史》（第七冊）卷八十五"志第三十八 地理一 京西路"，北京：中華書局，一九七七年版，
第二一一五頁。

〔五〕按，前有劉宗杰結銜爲"權發遣提點刑獄公事、尚書屯田員外郎"，"權發遣"作爲宋代推行的一種官制，仁宗
慶曆三年（一〇四三）始置，資序低而任重，低兩等資序爲權發遣。也可以判斷此時劉宗杰年幼尚未任職，八年
後亦剛剛出仕。

〔六〕清·謝啓昆輯《粵西金石略》卷四"宋三 陳倩題名"，清嘉慶六年（一八〇一）刻本，頁六；收錄于（臺灣）
新文豐出版公司編輯部編《石刻史料新編》（第一輯 第十七冊），臺北：新文豐出版公司，一九七七年版，第
一二五〇〇頁。按，此"陳倩題名"爲第二則，即游雉山岩寺題名。

楚建中題名

二行。行十三字，字約徑四寸，真書。

雒陽楚建中正叔熙寧壬子（一〇七二）八月／九日，自鄜延、環慶、涇原過此，歸雍。／

　　楚建中字正叔，洛陽人，《宋史·本傳》與此題合。傳言建中主管鄜延經略機宜文字，夏人來正疆土，往莅其事〔一〕。按《續通鑒》慶歷〔曆〕六年（一〇四六）冬十月詔遣張子奭往延州與夏國議疆事；十一月乙卯，遣著作佐郎楚建中往延州，同夏國封界事，以張子奭道病故也〔二〕，其時尚在仁宗朝。此題爲熙寧壬子（一〇七二），上推慶歷〔曆〕六年（一〇四六），相距至二十六年之久。此二十六年中，以本傳考之，建中累遷提點京東刑獄、鹽鐵判官，歷夔路、淮南、京西轉運使，進度支副使〔三〕。今湖北東湖縣三游洞亦有正叔題名，承治平元年（一〇六四）清明後一日"張告題名"之後六日，自署"新夔漕楚建中"〔四〕，則其在夔路時所題也。傳又稱神宗用事西鄙，以建中嘗爲邊臣所薦，召欲用之，言不合旨，出知滄州；久之，爲天章閣待制、陝西都轉運使，知慶州〔五〕。此刻在邠，則其官陝漕時所題也。范文正奏議有"薦杜杞諸人館職劄子"，建中即與其列〔六〕。傳謂"邊臣薦"，即指此緣。此可知，其爲夔漕，在治平間；總陝漕，在熙寧間。

　　陝西沿邊秦鳳、涇原、環慶、鄜延四路，并熙河爲五路，建中所歷四路之中惟餘秦鳳一路。蓋宋時陝有兩轉運使，一在永興軍，鄜延、環慶在其管內；一在秦州，秦鳳、涇原在其管內〔七〕。建中

楚建中題名拓片

爲陝漕，秦鳳非其所屬。兼言涇原者，往來驛路所經也。永興軍在宋爲京兆府，今之西安，古之雍州也。自鄜延、環慶道涇原而至雍，則歸矣。曲陽北岳廟有楚執中題名，皇祐辛卯（一〇五一）仲夏〔八〕，當是建中之昆弟，史無傳。

校注記

〔一〕元・脫脫等撰《宋史》（第三十册）卷三百三十一“志第九十 楚建中”，北京：中華書局，一九七七年版，第一〇六六七頁。

〔二〕清・畢沅著《續資治通鑒》（第三册）卷四十八“宋紀四十八 仁宗慶曆六年（一〇四六）”，北京：中華書局，一九五七年版，第一一六八頁。

〔三〕元・脫脫等撰《宋史》（第三十册）卷三百三十一“志第九十 楚建中”，北京：中華書局，一九七七年版，第一〇〇六七頁。

〔四〕清・繆荃孫撰《藝風堂金石文字續目》（上册）卷二“宋 三游洞題刻五段”：“後六日新夔漕楚建中等題名”，手抄本（年不詳），頁十二。此題名并未見録于《金石萃編》《寰宇訪碑録》《湖北金石志》等著。

〔五〕元・脫脫等撰《宋史》（第三十册）卷三百三十一“志第九十 楚建中”，北京：中華書局，一九七七年版，第一〇六六八頁。

〔六〕北宋・范仲淹撰《范文正奏議》卷下“薦舉・奏杜杞等充館職”，頁三十九、四十；《景印文淵閣四庫全書》，第四二七册，第五十八、五十九頁。按，原書將“杜杞”作“杜杷”，當爲版刻之誤。

〔七〕元・脫脫等撰《宋史》（第七册）卷八十七“志第四十 地理三 陝西”，北京：中華書局，一九七七年版，第二一四三頁。

〔八〕清・孫星衍撰《寰宇訪碑録》卷六“北岳廟楚執中題名”，清嘉慶七年（一八〇二）刻本，頁二十五；收録于（臺灣）新文豐出版公司編輯部編《石刻史料新編》（第一輯 第二十六册），臺北：新文豐出版公司，一九七七年版，第一九九三八頁。

范恢題名

前半闕，存七行，行四字。
字約徑三寸强，真書。

……/ 此，熙寧壬 / 子（一〇七二）冬十月 / 七日訓練 / 本道軍馬 / 范恢仲微 / 餞行，書于 / 石壁。/

此餞别題名也，范恢爲主，賓之姓名已泐損。"訓練本道軍馬"六字爲年月所隔，似當屬下范恢，然非結銜，何以冠于姓名之上，疑莫能明也。要之賓主皆爲治軍至此。按《續通鑒》熙甯五年（一〇七二）二月丙寅以龍圖閣直學士、知渭州蔡挺爲樞密副使。挺在渭州，建勤武堂，輪諸將五日一教閱，隊伍、金鼓之法甚備。甲兵整習，常若寇至。奏以涇、渭、儀、原四州義勇分五番，番三千人。防秋以八月十五日上，九月罷；防春以正月十五日上，三月罷，周而復始〔一〕。此題在十月中旬，正當防秋番休之後。

范恢題名原石

范恢题名拓片

又按，是年五月辛巳以古渭砦爲通遠軍，以王韶知軍事，行教閱法。恢所餞，疑非蔡挺即王韶，但挺在二月即拜樞副之命，計是時已離渭州。似王韶尤爲近之。蓋熙甯初，神宗用王荊公之議，銳意西略，志復河湟，諸將希旨，競言治兵。而王韶于是年引兵城渭源堡，破蒙羅角，又破瑪爾戩首領瞎藥等，城武勝，以爲鎮洮軍〔二〕。是冬置熙河路，即以韶爲經略安撫使〔三〕，在邊臣中尤有威望。朝廷方嚮用，輕軒既駕，簡書在道，而守臣于攻同之日，宜有道軷之禮，而歌還率之詩也。

校注記

〔一〕清・畢沅著《續資治通鑒》（第四册）卷六十九"宋紀六十九 神宗熙甯五年（一〇七二）"，北京：中華書局，一九五七年版，第一七一八頁。

〔二〕元・脱脱等撰《宋史》（第三十册）卷三百二十八"列傳第八十七 王韶"，北京：中華書局，一九七七年版，第一〇五八〇頁。

〔三〕清・畢沅著《續資治通鑒》（第四册）卷六十九"宋紀六十九 神宗熙甯五年（一〇七二）"，北京：中華書局，一九五七年版，第一七三一頁。

洛陽宋唐輔題名

五行。行七八字不等，字
徑二寸。行書，右行。

洛陽宋唐輔熙寧／丙辰（一○七六）歲仲
秋晦日／游慶壽，觀前太守／叔父二公題刻，
因而／登閣第，廷老書。／

洛陽宋唐輔題名原石

　　宋唐輔未詳，前无〔元〕老題名，其
次爲廷老，此刻題者亦廷老，頗疑其兄弟
重游，但何以無一言追述。自治平乙巳
（一○六五）至熙甯丙辰（一○七六），一
星終矣。前後兩游，亦過久然。華陰蔡延
慶題名，熙甯六年（一○七三）刻，其初
至在慶歷〔曆〕五年（一○四五），元豐
己未（一○七九）又有延慶謁祠，記一人
三到，首尾三十餘年〔一〕。則十二年未爲遼絕，疑莫能明，姑闕之，以俟考。

校注記

〔一〕　清・王昶輯《金石萃編》（第四册）卷一百二十八“宋六 華岳廟題名八十六段・蔡延慶題名、蔡延慶再題名”，
　　　　嘉慶十年（一八○五）經訓堂刻本（《石刻史料新編》影印版），頁二十四、二十五、二十八。參閱前文“仲遠題名”，
　　　　原書卷二，頁四十。

戴天和、李思齊、張幾聖題名

四行。行五字，字約徑四寸。年月兩行十
字，分注，末行"集"字下，真書右行。

戴天和、李思 / 齊、張幾聖赴 / 仙尉張景封 / 盛集，/ 元豐己未（一〇七九）三 / 月十八日題。/

此文士宴集也，觀其詞藻飾而知之。戴、李、張三人皆書字，其名、其事迹均未詳。宋時縣令下丞、簿不皆置，無不置尉者。《宋史·職官志》建隆三年（九六二），每縣置尉一人，在主簿下，掌閱習弓手，戢奸禁暴。凡縣不置簿，則尉兼之〔一〕。此尉爲新平縣尉，用漢梅子真神仙尉故事耳〔二〕。回山李宗諤題名，同游者周天倪結銜爲新平簿〔三〕，是新平邊要，簿尉兼置。觀其題刻，景封、天倪亦一時之選，非風塵俗吏也。

校注記

〔一〕元·脫脫等撰《宋史》（十二冊）卷一百六十七"志第一百二十 職官七"，北京：中華書局，一九七七年版，第三九七七、三九七八頁。

〔二〕漢梅子真神仙尉故事，指漢代梅福（字子真）曾任南昌縣尉，後去官歸里，弃家出走而不知所終，相傳已成仙，後詩文中以"神仙尉"作爲縣尉的美稱。典出西漢·班固撰《漢書》（第九冊）卷六十七"楊胡朱梅雲傳第三十七"，北京：中華書局，一九六二年版，第二九一七至二九二七頁。

〔三〕民國時期張維編《隴右金石錄》"宋上 王母宮題名六"："在涇川回山上官伌碑陰，今存。郡倅李公諤，將領曹伯達、王保臣，護戢王子儀，幕府張公敏，新平簿周聖和，講易閔仲孚，元祐壬申（一〇九二）八月十九日，李祐晋仁侍貳車行。"民國三十二年（一九四三）校印本，頁四九；收錄于（臺灣）新文豐出版公司編輯部編《石刻史料新編》（第一輯 第二十一冊），臺北：新文豐出版公司，一九七七年版，第一六〇四四頁。按，據葉昌熾所言，周天倪即周聖和，當是結合回山王母宮題名，參酌後文"周天倪題名"有"晋陵周天倪聖和"（原書"卷二"，頁七十四）判斷。戢，同"戎"。

戴天和、李思齊、張幾聖題名原石

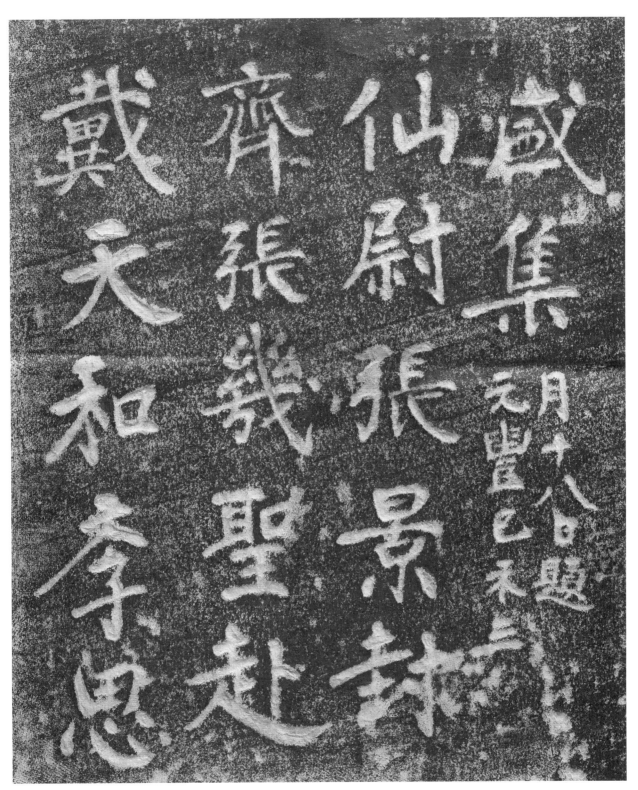

戴天和、李思齊、張幾聖題名拓片

李孝廣題名

四行。行四字，前兩行字約徑三寸，後二行略小，
殺三之一。真書，右行。刻有斷紋，非剝蝕。

鄆城李孝 / 廣世美游，/ 元豐己未（一〇七九）/ 七月九日。/

《宋史·地理志》鄆城屬京畿西路，濮州，濮陽郡〔一〕。"廣"上一字中間微斷，諦審是"孝"
字。李孝廣史無傳。按《宋史·李迪傳》迪字復古，子柬之字公明，弟子及之字公達，柬之子孝基，
及之子孝壽、孝稱〔二〕，兄弟皆以"孝"字爲序。迪景祐初進士，下至孫輩正當在熙、豐間（一〇六八
至一〇八五）。惟史以爲其先趙郡，後徙幽州，非鄆人耳。然考《郡齋讀書志》，"《李復古集》
一百卷"，皇朝李迪撰，濮州人，謚文定〔三〕。鄆城正爲濮州縣，晁氏以宋人紀宋事必不誤。又考《三
巴舂古志》"蓬溪縣新修净戒院記"，宣和五年（一一二三）李孝端撰，結銜爲鄆城縣開國男〔四〕。
宋時封邑或以郡望，如李封輒爲隴西公，張爲清河公之類是也。或以所占之籍，如孝端之食鄆城是也。
然則孝廣、孝端皆文定後，以讀書志爲證，并可訂《宋史》之訛。

又按，孝廣之字曰世美，宋錢唐〔塘〕《韋驤集》有"別李世美詩"一首〔五〕，兩賢同官閬
中，賡唱迭和，爛然篇幅，今集中尚充牣。《四庫提要》韋驤字子駿，皇祐五年（一〇五三）進
士，建中靖國（一一〇一）初除知明州乞宮祠以卒〔六〕。考其從政四方，正在熙、豐（一〇六八至
一〇八五）之際，此刻孝廣當即《韋集》之李世美，但書其字耳。

校注記

〔一〕元·脱脱等撰《宋史》（第七册）卷八十五"志第三十八 地理一 京東路·西路"，北京：中華書局，一九七七年版，
第二一一一頁。

〔二〕元·脱脱等撰《宋史》（第三十册）卷三百一十"列傳第六十九 李迪"，北京：中華書局，一九七七年版，第
一〇一七一、一〇一七五、一〇一七九頁。

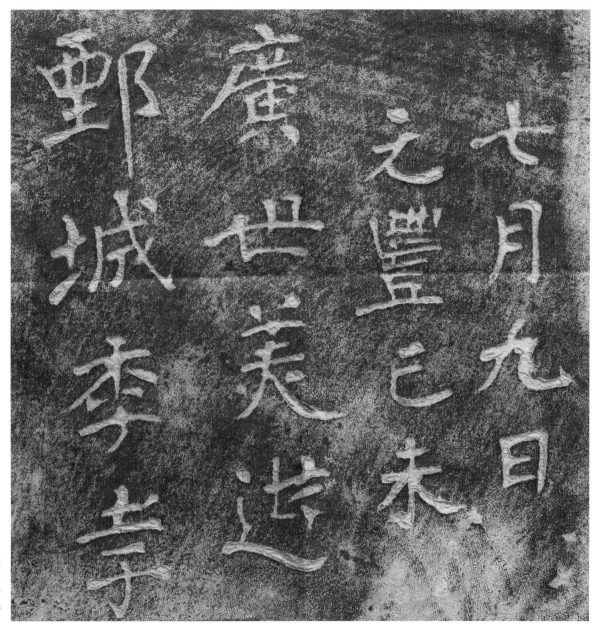

李孝廣題名拓片

〔三〕南宋·晁公武《郡齋讀書志》卷四下"別集類下下 《李復古集》一卷"，頁一；《景印文淵閣四庫全書》，第
　　六七四册，第二七九頁。按，葉昌熾言"《李復古集》一百卷"，或誤。

〔四〕清·劉喜海編《三巴古志》第四卷"宋遂寧府蓬溪縣新修淨戒院記"，約道光戊申年（一八四八）刻本，頁一
　　至三；以《金石苑》名影印收録于（臺灣）新文豐出版公司編輯部編《石刻史料新編》（第一輯 第九册），臺北：
　　新文豐出版公司，一九七七年版，第六四〇六、六四〇七頁。

〔五〕北宋·韋驤撰《錢塘集》卷一"別李世美"，第二十三頁；《景印文淵閣四庫全書》，第一〇九七册，第三九一頁。
　　按，錢唐同"錢塘"。

〔六〕《景印文淵閣四庫全書總目》（第四册）卷一百五十三"集部 別集類六"之"錢塘集十四卷，編修汪如藻家藏本"，
　　頁十三、十四；《景印文淵閣四庫全書總目》，第一二〇、一二一頁。按，韋驤"除知明州丐宮祠"，葉昌熾言"乞
　　宮祠"，或誤。

蔣之奇題名 附周天倪續題

一行直下十字，字約徑五寸。右爲年月，一行十字。左爲
續題，一行九字，字大小不齊，均不及二寸，并行書。

蔣之奇來瞻禮無量壽佛，／元豐二年（一〇七九）十一月十三日。／
後七年周天倪續游題。／

　　蔣之奇字穎叔，宜興人，樞密直學士堂之姪。以叛盧陵公，爲清議所薄。然爲部使者十二，六典會府〔一〕，所至登臨題咏，風流文采，照耀岩阿。考《宋史》本傳，先後三至陝。其在神宗時由淮東轉運副使歷江西、河北、陝西副使，則在元豐六年（一〇八三）以前。由戶部侍郎出知熙州，則在元祐以後。哲宗元符末，責守汝州，徙慶州〔二〕。此刻在元豐二年（一〇七九），則其爲陝西副使時所題也。余所見穎叔題名，關隴有四通，一在華陰岳廟，與王希脩同游，元豐二年（一〇七九）六月四日〔三〕。最先當是赴陝，道經所刻。此刻在十一月十二〔三〕日〔四〕，回山王母宮一刻則在廿六日〔五〕，由邠而涇。按部行程，以日計之，若合符節。庚申（一〇八〇）正月"留題坊州玉華宮詩"，則爲元豐三年（一〇八〇）〔六〕，後此一年矣。按宋史·本傳稱之奇在陝，公私用足。移淮南，擢江、淮、荊、浙發運副使。元豐六年（一〇八二），漕粟至京，比常歲溢六百二十萬石〔七〕。江、淮、荊、浙漕政六年已有成效，則其之官非一日，度三年後即去陝矣。

　　周天倪題名在己未後七年，爲元祐元年（一〇八六）丙寅，是年尚有王雍、李惇義一刻〔八〕，歲月甚近，何以不附其後，而必遠及七年以前。舊題考"韓魏公題名"後，天倪亦有題識，自署晉陵〔九〕，今之常州也。宋時常州毗陵郡，縣四：晉陵、武進、宜興、無錫〔一〇〕。然則天倪與穎叔同郡，桑梓後進，接踵來游，故樂得而附之。

校注記

〔一〕元·脫脫等撰《宋史》（第三十一冊）卷三百四十三"列傳第一百二 蔣之奇"，北京：中華書局，一九七七年版，

第一〇九一五、一〇九一七頁。

〔二〕元·脱脱等撰《宋史》（第三十一册）卷三百四十三"列
傳第一百二 蔣之奇"，北京：中華書局，一九七七
年版，第一〇九一六、一〇九一七頁。

〔三〕清·王昶輯《金石萃編》（第四册）卷一百二十八"宋
六 華岳廟題名八十六段王希倩題名"："判官王希倩、
蔣之奇元豐乙未（一〇七九）六月四日"，嘉慶十
年（一八〇五）經訓堂刻本（《石刻史料新編》影印版），
頁二十九。清·孫星衍撰《寰宇訪碑録》卷七"華
岳廟王希倩、蔣之奇題名，元豐二年（一〇七九）六月"，
清嘉慶七年（一八〇二）刻本，頁十二；收録于（臺灣）
新文豐出版公司編輯部編《石刻史料新編》（第一輯
第二十六册），臺北：新文豐出版公司，一九七七年版，
第一九九四九頁。按，據"王希倩""六月四日"判
斷，葉昌熾當是綜合引用了二著。又按，"王希倩""王
希倩"爲同一人，即王希倩。

〔四〕"十一月十二日"當爲"十一月十三日"之誤。

〔五〕葉昌熾言元豐二年（一〇七九）十一月廿六日題刻不
見于王母宫題名，待考。

〔六〕清·孫星衍撰《寰宇訪碑録》卷七"留題坊州玉華宫詩"，
清嘉慶七年（一八〇二）刻本，頁十二；收録于（臺灣）
新文豐出版公司編輯部編《石刻史料新編》（第一輯
第二十六册），臺北：新文豐出版公司，一九七七年版，
第一九九四九頁。

〔七〕元·脱脱等撰《宋史》（第三十一册）卷三百四十三"列
傳第一百二 蔣之奇"，北京：中華書局，一九七七年
版，第一〇九一六頁。

〔八〕"王雍、李惇義題名"見後文，原書卷二，頁
六十八。

〔九〕後文"周天倪題名"有"晋陵周天倪聖和"，原書卷二，
頁七十四。

〔一〇〕元·脱脱等撰《宋史》（第七册）卷八十八"志第
四十一 地理四 兩浙路·常州"，北京：中華書局，
一九七七年版，第二一七六頁。

蔣之奇題名（附周天倪續題）原石

張太甯題名

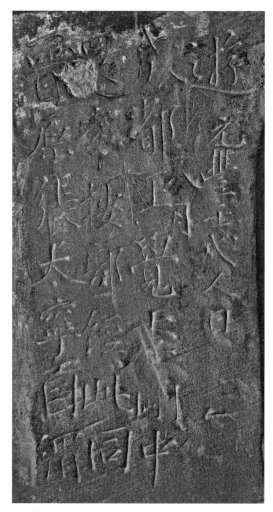

四行。行七字，字約徑四寸弱，行書，右行。磨治舊題
重刊，"王覺"右側有"八月"二字磨未盡，尚清朗。

**晋原張太甯自渭／還雍，按部經此。同／成都王覺、李剛
中／游，元豐壬戌（一〇八二）人日。／**

張太甯題名原石

《三巴𡛙古志》資州龍洞碑撰文者宋京、尚書郎張察，
篆額東武劉氏。據費著《氏族譜》云張察，唐張九皋之
裔，隨扈僖宗幸蜀，傳三世曰載揚，生維峻，維峻生起。
寶元中進士，太常博士。生太甯，治平四年（一〇六七）
進士，知邠、漢、渭等州，四入爲尚書，三使持節，遷
陝西路都轉運使。生察，以大小篆名，知鼎州〔一〕，此張太甯即察父也。費著但言爲蜀人，此刻自署
其望曰晋原。按《宋史·地理志》崇慶府屬成都府路，本蜀州，唐安郡，紹興十（四）年（一一四〇）
以高宗潛藩，升崇慶軍節度。淳熙四年（一一七七）升府，晋原其負郭縣〔二〕。元豐尚未升軍，則此
時猶屬唐安郡，太甯其郡人也。慶壽寺在邠州境内，渭州治平凉，往來亦必由邠郊。太甯既歷任二州，
此刹自爲熟游之地。但宋時州守其權不出一郡，鄰封之政非所宜問。此云"按部"，又云"自渭還雍"，
當是總陝漕時所題，雍爲長安，正漕司治所，壬戌爲元豐五年（一〇八二），由治平通籍，揚歷州郡
凡十五年，而至陝漕。云王覺、李剛中皆同鄉，或其幕僚，事迹無考。

校注記

〔一〕清·劉喜海編《三巴𡛙古志》第四卷"宋龍洞碑"後按語，約道光戊申年（一八四八）刻本，頁三；以《金石苑》
名影印收録于（臺灣）新文豐出版公司編輯部編《石刻史料新編》（第一輯 第九册），臺北：新文豐出版公司，
一九七七年版，第六三九九頁。

〔二〕元·脱脱等撰《宋史》（第
　　七 册）卷 八十九 "志 第
　　四十二 地理五 成都府路·崇
　　慶府"，北京：中華書局，
　　一九七七年版，第二二一一
　　頁。按，中華書局點校本《宋
　　史·地理志》據《建炎以來
　　系年要録》等書校勘，"紹
　　興十年（一一四〇）"爲"紹
　　興十四年（一一四四）"
　　之脱字，見"志第四十二
　　地理五"校勘記［六］，第
　　二二三一頁。

張太甯題名拓片

王戩、种師中等題名

四行。行六字，字徑二寸上下。
真書，爲人磨損，漫漶已極。

王戩仲文、种師／中端穆、李相□／叔，元豐七年（一〇八四）五／月七日同來。／

　　"王"下似"戩"字，"李"下似"相"字，皆模糊，不甚可辨。种師中字端孺，諡莊愍，宋史附其祖世衡傳〔一〕。此刻"孺"字亦不完，誤釋爲"穆"字，以本傳互證，而始知當爲"稺"或是"稚"，皆"孺"之同聲字也。种氏三世爲名將，戰功皆在西陲。據傳師中歷知環濱邠州、慶陽府、秦州，侍衛步軍馬軍副都指揮使、房州觀察使，奉甯軍承宣使，此刻當是知邠州時所題。其後金人內侵，詔提秦鳳兵入援，則其知秦州時事。及與黏罕戰于壽陽石坑，自言："吾結髮從軍，今老矣。"〔二〕此刻在元豐七年（一〇八四），師中年尚少也。按《續通鑒》元豐六年（一〇八三）夏四月知延州种諤卒〔三〕，越明年五月，適在期月之後。古人期功之喪，周旋中禮〔四〕如此。种氏前有明逸〔五〕，師道又爲橫渠高第〔六〕，故以學行世，其家豈但西州將種哉！

王戩、种師中等題名原石

校注記

〔一〕元·脱脱等撰《宋史》（第三十一册）卷三百三十五“列傳第九十四 种世衡（子古、諤、誼，孫樸、師道、師中）”，北京：中華書局，一九七七年版，第一〇七五四、一〇七五五頁。

〔二〕元·脱脱等撰《宋史》（第三十一册）卷三百三十五“列傳第九十四 种世衡（子古、諤、誼，孫樸、師道、師中）”，北京：中華書局，一九七七年版，第一〇七五四頁。

〔三〕清·畢沅著《續資治通鑒》（第四册）卷七十七“宋紀七十七 神宗元豐六年（一〇八三）”，北京：中華書局，一九五七年版，第一九三五頁。

〔四〕周旋中禮，指一切都符合禮的要求，典出《孟子·盡心下》：“動容周旋中禮者，盛德之至也。”

〔五〕种放（九五六至一〇一五），字明逸，北宋大儒，精于易學。种世衡爲种放之侄。

〔六〕种師道，种世衡之孫、种師中之兄，幼拜宋著名理學家“橫渠先生”張載爲師。

張行中、李行之題名

三行。行五字，字約徑二寸。後年
月二行，徑一寸强，行書右行。

濠梁張行中、/ 洛陽李行之 / 秉燭登此閣，/ 元豐八年（一〇八五）九 / 月七日。/

　　李惇義，字行之，關中有石刻五通。其三在邠州慶壽寺，此爲第一刻〔一〕。其二一在鄠縣草堂寺，元祐壬申（一〇九二）秋社後一日，劉銅公範、張閔仲達；其次即李惇義行之，惇禮彥中、類彥明，南公鵬舉〔二〕。惇禮自是其弟，類與南公從李姓相承而下，則未可知矣。一在扶風縣楊珣碑後，同觀者岐山劉唐□，"唐"下一字闕，紹聖二年（一〇九五）四月望日〔三〕。此刻元豐八年（一〇八五）題，前于草堂寺七年，所見行之題名莫先于此矣。張行中不見有他刻，行中與行之對文，亦其字，而名則未詳。"濠梁"用莊子文，當是"濠州"。考《宋史·地理志》濠州縣二，鍾離、定遠，舊屬淮南路。熙甯五年（一〇七二）分淮南爲東西兩路，濠屬西，此在熙甯分路〔四〕，後則行中爲淮西人矣。

校注記

〔一〕在慶壽寺之李惇義題刻，除此之外，另兩通在下文，一通爲"王雍、李惇義題名"，在原書卷二，頁六十八。一通爲"濰陽惷孺、洛中愚叟説偈"，在原書卷二，頁七十。

〔二〕清·王昶輯《金石萃編》（第四册）卷一百四十"宋十八 草堂寺題名二十七段"，嘉慶十年（一八〇五）經訓堂刻本（《石刻史料新編》影印版），頁一。

〔三〕清·王昶輯《金石萃編》（第四册）卷一百四十一"宋十九 石門題名十八段·李行之題名"，嘉慶十年（一八〇五）經訓堂刻本（《石刻史料新編》影印版），頁十一。清·孫星衍撰《寰宇訪碑録》卷七"李行之題名"，清嘉慶七年（一八〇二）刻本，頁十六；收録于（臺灣）新文豐出版公司編輯部編《石刻史料新編》（第一輯 第二十六册），臺北：新文豐出版公司，一九七七年版，第一九九五一頁。按，《金石萃編》中無"楊珣碑後"，《寰宇訪碑録》祇提及李行之而未提他人。由此判斷，葉昌熾所徵引或是綜合二著，或是親眼所見。

〔四〕元·脱脱等撰《宋史》（第七册）卷八十八"志第四十一 地理四 淮南路"，北京：中華書局，一九七七年版，第二一八四、二一七八頁。

范忠宣題名

渺存前四行。行五字,
字約徑四寸強, 篆書。

范忠宣題名原石

高平范純仁 / 堯夫守慶, / 被召還 / 朝, 率賓左游 /……□□□ /〔一〕

　　右刻僅存前四行, 年月佚。考《忠宣集》家傳及曾子開所撰墓志, 忠宣仕陝, 先爲轉運副使, 其後兩知慶州, 初在神宗朝。環州羌盜之獄, 种古訟公雖以誣告得罪, 而呂惠卿猶密奏公擅回宥州牒, 黜知信陽軍〔二〕。其去也, 以左遷, 非內召。哲宗初立, 再知河中府, 遷朝議大夫。元豐八年 (一〇八五) 夏, 復以直龍圖閣, 知慶州, 歲中擢天章閣待制, 召還充侍讀, 又除給事中, 明年即入樞府〔三〕。被詔還朝, 正其時也。此刻審爲公再知慶州、入朝時賓佐餞別所題, 當附元豐八年 (一〇八五) 後。

校注記

〔一〕按, 原石 "左游" 下另有字 "□□楊國寶 / □□□周鑄 /……"。

〔二〕北宋·范純仁撰, 清·范能濬輯補《范忠宣集補編》"宋觀文殿大學士、尚書右僕射兼中書侍郎、上柱國、高平郡公、贈太師、許國公、諡忠宣堯夫公傳", 頁十、十五、十六;《景印文淵閣四庫全書》, 第一一〇四冊, 第八二一頁、八二二、八二三頁。

〔三〕北宋·范純仁撰, 清·范能濬輯補《范忠宣集補編》"宋觀文殿大學士、尚書右僕射兼中書侍郎、上柱國、高平郡公、贈太師、許國公、諡忠宣堯夫公傳", 頁十六、十七;《景印文淵閣四庫全書》, 第一一〇四冊, 第八二三頁。

張守約題名

五行。行六字，字大小不
等，約徑二寸上下，草書。

張守約希參自／邠移總涇原兵，／過寺嘗游。男宣（？）／侍行，丙寅五月／廿六日書。

　　《續通鑒》熙甯五年（一〇七二）五月辛巳，定州都監張守約請以古渭爲軍，帝從之，建爲通遠軍〔一〕。按熙甯五年（一〇七二）爲壬子，以此遞推，丙寅當爲元祐元年（一〇八六），越十有四年矣。《宋史·張守約傳》，濮州人，以蔭主原州截原砦，爲廣南走馬承受公事。二年（一〇八七）四詣闕，陳南方利害。歐陽修薦其有智略，擢知融州。後薦可任將帥，爲定州路駐泊都監〔二〕。建議以古渭爲軍，即在此時。其後從征靈武還，進爲環慶都鈐轄、知邠州，徙涇原、鄜延、秦鳳副總管，領康州刺史。夏人十萬屯南牟，畏其名，引去〔三〕。此刻云"自邠移總涇原兵"，正其去邠州時所題也。守約知邠州，史無年月，據此刻知爲元豐之末、元祐之初。後知涇州，以龍神衛四厢都指揮使召還，道卒，年七十五〔四〕。則其守邠、涇時，已在暮歲，出游宜以子侍也。傳言，其字希參，與石刻合，而《涇州志·名宦傳》作希愛〔五〕，殊誤。

校注記

〔一〕清·畢沅著《續資治通鑒》（第三册）卷六十九"宋紀六十九 神宗熙甯五年（一〇七二）"，北京：中華書局，一九五七年版，第一七二二頁。

〔二〕元·脱脱等撰《宋史》（第三十二册）卷三百三十五"列傳第一百九 張守約"，北京：中華書局，一九七七年版，第一一〇七二頁。

〔三〕元·脱脱等撰《宋史》（第三十二册）卷三百三十五"列傳第一百九 張守約"，北京：中華書局，一九七七年版，第一一〇七三、一一〇七四頁。

〔四〕元·脱脱等撰《宋史》（第三十二册）卷三百三十五"列傳第一百九 張守約"，北京：中華書局，一九七七年版，第一一〇七四頁。

〔五〕清·張延福撰《涇州志》上卷"官師·名宦·宋"，清乾隆十九年（一七五四）刻本，頁五十。

張守約題名原石

王雍、李惇義題名

十四行。行七字，字約徑
一寸三分。真書，右行。

濰陽王雍聖欽、洛 / 中李惇義行之，自 / 邠并駕，投館慶壽。/ 將期于新平、宜禄 / 境上。閲际危礒，以 / 通行役。因獲四覽， / 山川氣象之雄；而 /

放懷吟酌，有釋□（羈）/ 恨。時忽雲晦雨作， / 禽鳥晝栖；殿閣半 / 空，上下聞然。信市 / 朝衮衮，而不及山 / 林之樂也。元祐丙 / 寅（一〇八六）七月十九日題。/

此爲惇義第二刻。丙寅爲元祐元祀，後于前刻一年。王雍未詳，《宋史》王旦三子，一名雍，其人當在真、仁間〔一〕。旦大名人，此云“濰陽”，時地皆不合，非一人也。前題云“秉燭登此閣”，此云“自邠并駕，投館慶壽”，前後兩游，皆于禪堂芰舍，不啻浮屠之三宿矣。又云“將期于新平、宜禄境上。閲視危礒，以通行役”，“际”古“視”字。“閲际”云者，戒塗方始，畚鍤尚未興也。

按《宋史·地理志》邠州縣五：新平、宜禄、三水、定平、淳化，新平附郭〔二〕。據《方輿紀要》宜禄在今長武縣東南，爲涇原、環慶之要道〔三〕。期會調發，國使往來，皆出于此道。邠、涇之間，斷崖懸巘，下臨湫澗，千仞陡絶。夏秋大雨之後，墻岸傾塌，行旅往往斷絶，此修路之政，所以不俟農隙也。

王、李蓋亦官于邠者，兩縣壤地毗連，同時率作，載簡書而并出，非其縣大夫，即邠之郡僚，奉臺符以涖事也。釋朝市之羈愁，攬山川之雄秀，林樊觀象，因寄所托，其言類有道者然。是時，當哲宗初服，温公入相，群賢彙征，海内拭目，想望太平。招引之詩，可以不作。豈熙、豐、元祐間，雖賢者亦不免有門户之見耶！

校注記

〔一〕元·脱脱等撰《宋史》（第二十七册）卷二百八十二“列傳第四十一 王旦”，北京：中華書局，一九七七年版，

王雍、李惇義題名原石

　　第九五五二、九五五三頁。

〔二〕元·脫脫等撰《宋史》（第七冊）卷八十七"志第四十 地理三 陝西·邠州"，北京：中華書局，一九七七年版，
　　　　第二一五三頁。

〔三〕清·顧祖禹撰《讀史方輿紀要》（八）卷五十四"陝西三 宜禄城"，光緒五年（一八七九）寫本，頁四八、四九；《續
　　　　修四庫全書》，第六〇五册，第二四八、二四九頁。

濰陽惷孺、洛中愚叟説偈

大字二行，行五字，字約徑三寸上下。小
字四行，行六字，殺其半。真書，右行。

心平衆生佛， / 心險佛衆生。/ 君子、小人豈定 / 分哉，顧其所存 / 如何耳。濰陽惷 / 孺、洛中愚叟云。/

　　此刻無姓名無年月，以"濰""洛"二字爲證，亦王、李所題也，是爲惇義第三刻。按《宋史・地理志》，京畿東路，濰州，上，建隆三年（九六二）以青州北海縣建爲北海軍，乾德二年（九六四）升爲州。縣三：北海、昌邑、昌樂〔一〕，今山東青、萊二州之境也。惇義之年雖不可考，即論關中諸刻，自元豐末逮紹聖初，亦以越十稔，年事不可謂不富。王雍同服官政，其年當少于惇義，故一稱叟，一稱孺。孺先叟後，序官而不序齒也。

　　考《續通鑒》，元祐元年（一〇八六）六月司馬溫公秉國議，弃蘭州、米脂等五寨，安燾固争，前河州通判孫路挾輿圖示光，乃止〔二〕。惇義前題即在争地後一月。此偈"心平""心險"，又云"君子、小人豈有定分"，其言深切而著明。豈當時邊吏尚守荊舒之説，與元祐諸君子各一，是非議論不能盡合，益信前題"山林""朝市"皆爲寓言。小雅刺詩，非僅流連景光、汎咏皋壤之詞也。

校注記

〔一〕元・脱脱等撰《宋史》（第七册）卷八十五"志第三十八 地理一 京東路・濰州"，北京：中華書局，一九七七年版，第二一〇九頁。按，《宋史・地理志》載"乾德三年（九六五）升爲州"，葉昌熾言"乾德二年（九六四）"或誤。

〔二〕清・畢沅著《續資治通鑒》（第四册）卷七十九"宋紀七十九 哲宗元祐元年（一〇八六）"，北京：中華書局，一九五七年版，第二〇〇四、二〇〇五頁。

濰陽惷孺、洛中愚叟説偈題名原石

殘題名

二行。一行九字、一行六日，字約徑二寸左右。真書，右行。
明嘉靖馬汝驥題記冪刻其上，前磨，闕全文若干行，未詳。

……／弟季六（？）□經此，時戊辰／歲八月
初四日。／

　　右刻二行，泐存無幾，"季"下似"交"，
字亦半蝕。宋值戊辰，開寶紀元第一年
（九六八），其次天聖六年（一〇二八），其
次元祐三年（一〇八八）。慶壽宋刻始于康定，
宣和以後無一片石，中間八十餘年僅一戊辰，
此石可定爲元祐三年（一〇八八）刻。

殘題名原石

王舉題名

一行直下十字，字約徑一寸六七分。年
月小字，雙行在下，行各四字。真書。

安陽王舉觀魏國韓公題，/ 元祐六年（一〇九一）/ 三月廿日。/

　　韓魏公以熙甯八年（一〇七五）卒于相州，下至元祐六年（一〇九一）三月，公騎箕〔一〕十有六年矣。王舉以鄉里後進聞，《風》《興》起詩曰"惟桑與梓，必恭敬止"，又曰"高山仰止，景行行止"〔二〕，豈惟流連古迹已哉。

　　又按，《直齋書録解題》"天下大定録一卷"，殿中丞通判桂州王舉撰，景祐間人〔三〕。此王舉爲魏公鄉曲後進，時地皆不合。《宋史·藝文志·小説類》有王舉"雅言繫述十卷"〔四〕，其事迹莫詳，亦未可援爲此刻之證。

校注記

〔一〕騎箕，即"騎箕尾"，此處指去世。典出《莊子·大宗師》："乘東維，騎箕尾，而比于列星。"

〔二〕《詩經·小雅·小弁》："惟桑與梓，必恭敬止。"《詩經·小雅·車舝》："高山仰止，景行行止。"

〔三〕南宋·陳振孫撰《直齋書録解題》卷五"僞史類·天下大定録一卷"，上海：上海古籍出版社，一九八七年版，第一三九頁。

〔四〕元·脱脱等撰《宋史》（第二十六册）卷二百六"志第一百五十九 藝文五 小説·雅言繫述十卷"，北京：中華書局，一九七七年版，第五二三〇頁。

周天倪題名

一行直下八字，字約徑二寸。年月小字，雙行在下，每行各
五字，字約徑八分。真書。"十一"兩字似旁注，非鑒刻。

晋陵周天倪聖和觀，/元祐辛未（一〇九一）歲/^{十一}/七月廿七日。/

元豐二年（一〇七九）"蔣穎叔題名"後，聖和先有題字，後穎叔七年而至〔一〕，哲宗嗣服之元歲也。此刻在元祐辛未（一〇九一），又五年矣。涇州回山王母宮郡倅李公諤題名，聖和亦在同游之列，次幕府張公敏後，歲次壬申（一〇九二），又在此題後一年，結銜爲新平簿〔二〕。邊陬末秩，涇邠兩郡有其摩崖三刻，在風塵中，不可謂非佳士。元祐之初，衆正盈廷，浮湛一官，七年不調^{自元祐元年（一〇八六）至壬申（一〇九二），首尾七年}，淡于榮利，又可知也。摩挲遺刻，輒爲太息。

校注記

〔一〕 見前文"蔣之奇題名"，原書卷二，頁五十八。

〔二〕 "涇州回山王母宮郡倅李公諤題名"見前文"戴天和、李思齊、張幾聖題名"校注，原書卷二，頁五十五。

范棟題名

五行。行五字，字約
徑二寸稍弱，真書。

河南范棟直 / 夫督環慶、涇 / 原糴買，過此。/ 元祐壬申（一〇九二）歲 / 除日。

　　壬申爲元祐七年（一〇九二）。《續通鑒》是年冬十月，夏人寇環州及永和諸砦，知慶州章楶遣
驍將折可適等，伺間以擊其歸。夏師大敗，盡弃供帳而逃，死傷不可勝計〔一〕。范棟以歲除至邠州，
則其周歷涇原、環慶，正在章楶捷後。采薇之詩，命將帥，遣戍役，以守衛中國，而其詞曰"歲亦陽止"〔二〕，
正其時矣。棟不書官，按《宋史·食貨志》，熙甯六路西討，帝以糧餉粗惡，欲械斬河東、涇原漕臣，
以勵其餘。又李稷爲鄜延漕臣督運，詔許斬知州以下〔三〕。可見軍興之際，儲偫爲先，責之也重。故
其任之也，專糴政統于庾司，吾知其爲陝西轉運使也。

　　又按"食貨志"，神宗以西師無功大感悟，飭邊臣固境息兵，關中以蘇。哲宗即位，諸老大臣維
持初政，益務綏靜，邊郡無調發，第令諸路廣糴以備蓄積而已〔四〕。陝西五路，涇原、環慶居其二，
是時宣仁猶臨朝，紹述之説未進，劉摯、呂大防諸臣秉政，必無開邊之事，其出而督糴也。所謂備諸
路之蓄積，收田家之穀，不至甚賤而傷農。實邊郡之倉，可以有備而無患，誠善政也。然元符二年
（一〇九九），後此刻又七載，而章楶_{時爲涇原經略使}奏言興師以來，陝西儲蓄，內外一空。即今所在糧草盡乏，
漕臣計無所出，文移指空而已〔五〕。可見關中歲蓄，盡耗于熙、寧之用兵。雖以元祐之初休養生息，
元氣卒未能少蘇也噫。

校注記

〔一〕清·畢沅著《續資治通鑒》（第五册）卷八十二"宋紀八十二 哲宗元祐七年（一〇九二）"，北京：中華書局，
　　　一九五七年版，第二〇九一、二〇九二頁。

〔二〕《詩經·小雅·采薇》："曰歸曰歸，歲亦陽止。"

范栋题名原石

〔三〕元·脱脱等撰《宋史》（第十三册）卷一百七十五"志第一百二十八 食貨上三 和糴"，北京：中華書局，一九七七年版，第四二四六頁。

〔四〕元·脱脱等撰《宋史》（第十三册）卷一百七十五"志第一百二十八 食貨上三 和糴"，北京：中華書局，一九七七年版，第四二四六頁。

〔五〕元·脱脱等撰《宋史》（第十三册）卷一百七十五"志第一百二十八 食貨上三 和糴"，北京：中華書局，一九七七年版，第四二四七頁。

河南張重等題名

三行。兩行十二字，字約徑二寸。
年月一行略小。真書，右行。

河南張重威父、大梁王需子正，/ 長安燕默道藏、終南陳雄武仲，/ 紹聖改元（一〇九四）閏夏二十□日。/

　　此刻同游四人，惟張重、王需有石刻可考。重兩刻，一在昭仁寺碑陰，紹聖元年（一〇九四）七月庚戌。此刻閏夏，按紹聖改元之歲五月，值閏，則後于此刻不足兩月。威父之"父"作"甫"，古今字〔一〕。昭仁寺在今長武縣，古之高墌城，距邠州不及百里，同時所題也。一在華岳廟紹聖二年（一〇九五）八月七日〔二〕。焦竑《國史經籍志·別集類》有張重"海川集八卷"，在呂吉甫、鄧玉池兩集之後〔三〕，計其時亦在紹聖間，即威甫也。

　　需一刻耀州五臺山，崇寧四年（一一〇五）于巽唱和詩，其第三首即王需，署銜右侍禁監倉，詩云："真人廟食占茲城，欲乞豐年在至誠。五馬貳車恭款謁，豐香烈火報登平。犬雞仙去遺丹竈，鸞鶴飛來認翠旌。既就金方留世了，終聞玉帝録功成。"〔四〕燕姓在宋代惟燕肅父子史有傳，其功名亦顯于西陲，但為青州益都人〔五〕。此刻燕默自署長安，則非其族姓也。或如范陽之盧、博陵之崔，所書者舊望耶。陳雄未詳。

校注記

〔一〕清·王昶輯《金石萃編》（第一册）卷四十二 "唐二 豳州昭仁寺碑 碑陰" 有 "……河南張重威甫題，昭〔紹〕聖元年（一〇九四）七月庚戌"，嘉慶十年（一八〇五）經訓堂刻本（《石刻史料新編》影印版），頁二十六。按，此 "昭聖元年" 即為 "紹聖元年（一〇九四）" 之誤。其他收録如清·孫星衍撰《寰宇訪碑録》卷七 "張重題名"，清嘉慶七年（一八〇二）刻本，頁二十八；收録于（臺灣）新文豐出版公司編輯部編《石刻史料新編》（第一輯 第二十六册），臺北：新文豐出版公司，一九七七年版，第一九九五七頁。

〔二〕清・孫星衍撰《寰宇訪碑録》卷七“華岳廟張重題名”，清嘉慶七年（一八〇二）刻本，頁二十九；收録于（臺灣）新文豐出版公司編輯部編《石刻史料新編》（第一輯 第二十六册），臺北：新文豐出版公司，一九七七年版，第一九九五八頁。按，《寰宇訪碑録》所載該則題名祇有年月信息，葉昌熾或親見此碑。

〔三〕明・焦竑撰《國史經籍志》卷五“集類・別集・張重海門集八卷”，明徐象橒刻本，頁六十一；《續修四庫全書》，第九一六册，第五二三頁。按，葉昌熾言“海川集八卷”，或誤。

〔四〕清・王昶輯《金石萃編》（第四册）卷一百四十六“宋二十四 威德軍五臺山唱和詩”，嘉慶十年（一八〇五）經訓堂刻本（《石刻史料新編》影印版），頁二。

〔五〕元・脱脱等撰《宋史》（第二十八册）卷二百九十八“列傳第五十七 燕肅（子度，孫瑛）”，北京：中華書局，一九七七年版，第九九〇九至九九一二頁。

劉淮題名

二行。一行五字，一行二字，字約徑八寸。年月小
字二行，在次行下，字徑三寸强。篆書，右行。

**劉淮曾游，子 / 喆從，/ 紹聖乙亥（一○九五）
五 / 月十六日。/**

　　劉淮父子均無考。按《宋史‧劉文質傳》，
保州保塞人，簡穆皇后從孫也。子十六人，
渙、滬皆知名。滬康定中爲渭州瓦亭砦監押，
遷左侍禁。韓琦、范仲淹薦授閣門祗侯，築
水洛城成，瘍發首，卒。弟淵將以其柩東歸，
居人遮道請留，葬，立祠祀之。經略司言，
熟户蕃官願得滬子弟主其城，乃命其弟淳爲
水洛城兵馬監押〔一〕。渙、滬、淵、淳十六
人得其四，其餘皆不著。劉淮名從水，疑亦
文質諸子之一，但無文以證之。

校注記

〔一〕元‧脫脫等撰《宋史》（第三十册）卷
　　　三百二十四“列傳第八十三 劉文質（子渙、
　　　滬）”，北京：中華書局，一九七七年版，
　　　第一○四九二、一○四九三、一○四九四、
　　　一○四九五頁。

劉淮題名原石

劉淮題名拓片

進士辛九皋題名

一行直下十九字，字約徑一寸三四分，真書。以慶歷〔曆〕李丕旦題名"進士王因"證之，亦宋刻。

丙子八月十七日，進士辛九皋刻字，田利用同游。/

　　辛氏爲西州大姓，宣和間邊將有辛興宗。此刻辛九皋自署爲進士，以李丕旦題名"王因"證之〔一〕，亦當是宋刻。宋太平興國元年（九七六）、景祐三年（一〇三六）皆值丙子。慶壽題壁，宋無景祐以前刻，此丙子當是紹聖三年（一〇九六），再下一甲子則爲紹興二十六年（一一五六），宋又南渡矣。題名都無刻字人，此石在"同游"之列，更無第二刻，可補《語石》所未語。

校注記

〔一〕見前文"李丕旦題名"，原書卷二，頁二十二。

進士辛久皋題名拓片

趙尚題名

二行。一行八字，一行九字，字約徑一寸五分，真書。

趙尚至此，男洵、浡侍，/ 黃總偕行，紹聖戊寅（一〇九八）歲。/

《宋史·哲宗紀》紹聖四年（一〇九七）爲丁丑，越歲戊寅（一〇九八）六月朔改元元符〔一〕。此刻不書月日，但書紹聖戊寅（一〇九八）歲，六月未改元以前刻也。《藝風堂金石目》綿州富樂山有趙尚等人題名，在治平二年（一〇六五）重陽前一日〔二〕，先于此刻三十三年，似又一趙尚然。此刻有二子隨侍，則尚之年亦老矣。《范文正公集》有"和黃摠太博上知郡杜少卿"七律一首〔三〕，又有"謝黃總太博見示文集詩"中云"仰止江夏公，大醇無小疵"，又云"願此周召風，達我堯舜知。致之諷諫路，升之誥命司"〔四〕。巍然長德，推挹其至，非范公後進可知也。范公守邠在慶歷間，前于治平又十餘載。偕游者如即此"黃總"，則其行輩更躋趙尚而上之，豈此二老靈光無恙，閱四朝而尚在仁、英神、哲？岩阿晚節，携杖同行。童冠追隨，儼然有風浴咏歸之樂。有宋名賢，若溫、潞諸公，皆有耆年盛集，安必繼起之無人也！

校注記

〔一〕元·脱脱等撰《宋史》（第二册）卷十八"本紀第十八 哲宗二"，北京：中華書局，一九七七年版，第三三〇頁。

〔二〕清·繆荃孫撰《藝風堂金石文字目》卷九"宋 富樂山題刻二十三段 趙尚等題名"，清光緒三十二年（一九〇六）刻本，頁八；收錄于（臺灣）新文豐出版公司編輯部編《石刻史料新編》（第一輯 第二十六册），臺北：新文豐出版公司，一九七七年版，第一九六五七頁。

〔三〕北宋·范仲淹撰《范文正集》卷三"律詩·和黃總太博上知郡杜少卿"，頁三；《景印文淵閣四庫全書》，第一〇八九册，第五七五頁。按，總、摠通。

〔四〕北宋·范仲淹撰《范文正集》卷一"古詩·謝黃總太博見示文集"，頁十、十一；《景印文淵閣四庫全書》，第一〇八九册，第五五七頁。

趙尚題名原石

李寛題名

四行。行六字，字約徑
一寸强。真書，右行。

李寛文饒，寺僧 / 從顯、從忍同登， / 歷覽題刻。己卯 / 七月廿一日，景雲侍。 /

李寛未詳，以贊皇之字爲字〔一〕。宋南渡後有李韶，仕至端明殿學士，其子亦名文饒〔二〕。慕藺之志，出于同姓，兩人先後一揆宋第。一己卯爲太平興國四年（九七九），其後仁宗寶元二年（一〇三九）、哲宗元符二年（一〇九九），皆值己卯。此刻後書“景雲侍”，必其子弟。本寺“仇鐏題名”，同游者有李景雲〔三〕，即其人也。仇題在宣和壬寅（一〇二二），後于元符己卯（一〇九九）二十四年，景雲之齒已長，非復從游父兄、撰杖隅立時矣。此刻得仇鐏一通爲證，可定爲元符二年（一〇九九）。

校注記

〔一〕 贊皇，指唐李德裕（七八七至八五〇），字文饒。

〔二〕 元·脱脱等撰《宋史》（第三十六册）卷四百二十三“列傳第一百八十二 李韶”，北京: 中華書局，一九七七年版，第一二六三四、一二六二八頁。按，李韶父文饒，葉昌熾言“其子亦名文饒”，或誤。

〔三〕 見後文“仇鐏題名”，原書卷二，頁九十一。

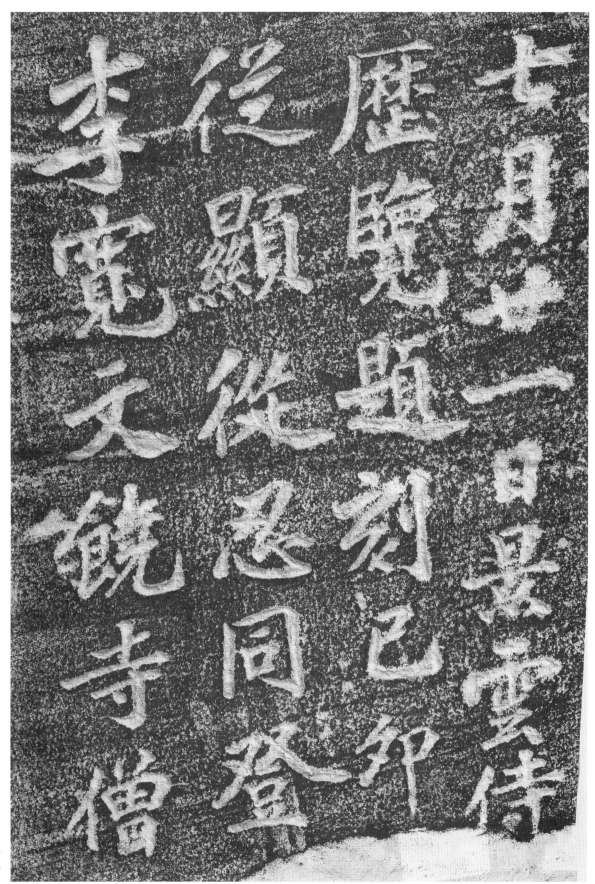

十月二十一日县志云侍

历览题一记卯

径题列忌

名顕従同登

李宽文饶寺僧

李宽题名拓片

殘題名

三行。兩行存三字，中間一行溢出二字，字約徑三寸，真書。荒率羃刻于“阿彌陀佛贊”上，右首下截文理不屬，是否一刻未詳。

……/ 石像之……/ 政和五年（一一一五）六 /……前來（？）峰……/

右刻三行，下截裂損。畫沙斷縷，劣不成書。年月之外，惟有“前□峰”三字。“峰”上非“求”即“來”字。來峰，宋爲羈縻州，領于四川雅州路〔一〕。題此壁者，殆自旄牛徼外來乎。考《續通鑒》政和五年（一一一五）春正月，瀘南晏州夷反。梓州路轉運使趙遹密奏賈宗諒激變之罪。秋七月奏調秦鳳、涇原、環慶兵三萬攻討，詔永興路選兵二千赴之。辛巳又詔發涇原三千、環慶兩千，押赴瀘南聽用〔二〕。據《（續）通鑒》〔三〕所書趙遹之奏，雖以七月方上，隴蜀連疆，西邊又爲勁兵所聚，晏夷正月已蠢動，瀘事方棘，豈必待朝命而徵發？軍書往來，邠爲孔道，韎韋跗注之君子〔四〕，豈無能記姓名者？鳥迹傖荒，亦似武人文字。

校注記

〔一〕元・脱脱等撰《宋史》（第七册）卷八十九“志第四十二 地理五 成都府路・雅州”，北京：中華書局，一九七七年版，第二二一三頁。按，《宋史・地理志》所載爲“來鋒州”，葉昌熾作“來峰”，或誤。

〔二〕清・畢沅著《續資治通鑒》（第五册）卷九十二“宋紀九十二 徽宗政和五年（一一一五）”，北京：中華書局，一九五七年版，第二三六四、二三六七、二三六九、二三七〇頁。

〔三〕《通鑒》爲《續通鑒》之誤。

〔四〕韎韋跗注之君子，指身著兵事冠服的知禮之士人。《周禮・春官・司服》：“凡兵事，韋弁服。”鄭玄注：“韋弁，以韎韋爲弁。”賈公彦疏：“韎是舊染謂赤色也，以赤色韋爲弁。”跗注，指古代的一種軍服。

隴西朋甫題名

四行。行七八字不等，字徑一寸
逾六七分亦不等。行書，右行。

隴西朋甫，按兵長安。/ 道由慶壽，得
覘□ / 聖像。時重和己亥（一一一九）
孟 / 春念六日題。

重和祇〔祇〕戊戌一年，其年
十一月己酉朔即詔改明年元曰宣和。
此刻己亥實爲宣和元年（一一一九）。
猶書重和，改元之詔尚未到邠也。隴
西郡望，李氏爲著。朋甫自是其字，
而名則不可詳矣。道由慶壽，非邠守
土之吏可知。按兵長安，而出西道，
非陝之鎮臣又可知。關中爲陝西諸路
中樞，何以兵柄轉遥領于隴外？考《續
通鑒》政和四年（一一一四）夏人築
臧底河城，詔童貫爲陝西經略使以討
之。五年（一一一五）正月貫以中軍
駐蘭州。二月庚午以童貫領六路邊事。
時永興、鄜延、環慶、秦鳳、涇原、
河西各置經略安撫使，以貫總領之，
于是西兵之柄皆屬于貫〔一〕。是時，
貫在蘭州，此按兵者當亦自貫所來，

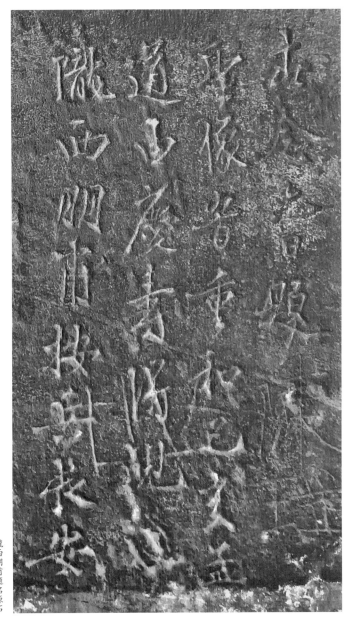

隴西朋甫題名原石

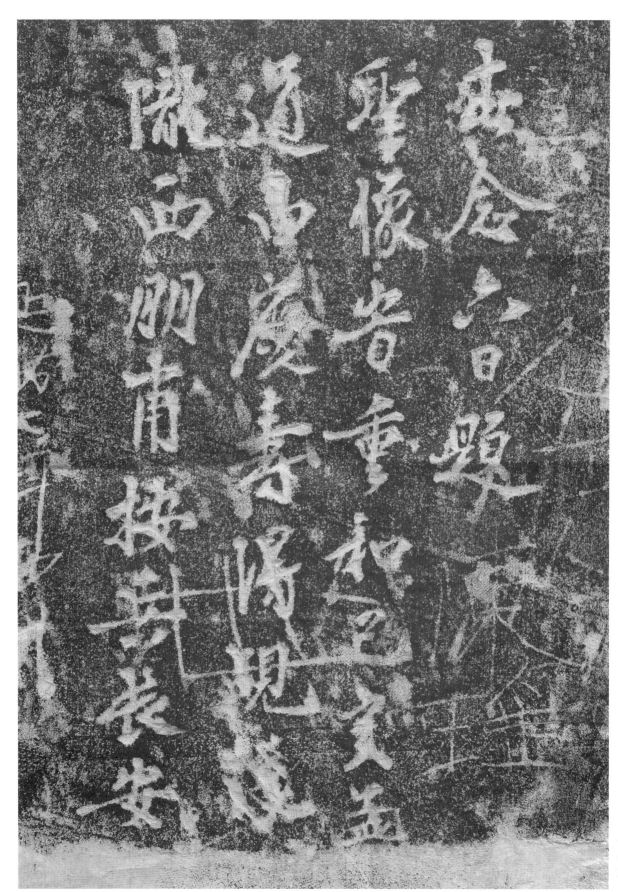

故由平涼、涇邠以達長安，非朝命也。

　　宋當政、宣之季，女真驟强，遼將亡，夏亦積弱，西陲宜可以息肩。然童貫臧底河之敗，秦鳳三將、全軍萬人皆没，夏人大掠蕭關以去。《傳》云"牛雖瘠，僨于豚上，其畏不死"〔二〕，此言信矣。雖日討軍實，而申儆之〔三〕，亦何庸之有！

校注記

〔一〕清·畢沅著《續資治通鑒》（第五册）卷九十一"宋紀九十一 徽宗政和四年（一一一四）"、卷九十二"宋紀九十二 徽宗政和五年（一一一五）"，北京：中華書局，一九五七年版，第二三六三、二三六六頁。

〔二〕《左傳·昭公十三年》："牛雖瘠，僨于豚上，其畏不死？"

〔三〕《左傳·宣公十二年》："在軍，無日不討軍實而申儆之。"

宋仲宏題詩

十七行。一行十字，一行十二字，餘皆十一字。字約徑二寸上下，行書。

宣和三年（一一二一）侄衍登第西歸，因 / 與子炎載游慶壽，歷覽石 / 室。慨想文皇，西征遺迹，徼福 / 瞿曇，豈武非盡善故歟？用少 / 陵"登慈恩塔"〔一〕韵作一首，蓋十 / 月十有二日也。宋仲宏父。/ 年華迫人老，正事無時休。及 / 兹出西城，聊復寫我憂。涇川 /

截高原，木落萬景搜。迢遥出 / 俗子，架屋陰崖幽。巨像鑱正〔貞〕/ 觀〔二〕，閲世同波流。山禽自朝莫，/ 庭樹空春秋。石間紛題名，人 / 物不可求。但能記秦王，昔也征 / 西州。凱還戈甲明，戰罷風雲 / 愁。青蓮雖出地，白骨等成丘。/ 當時得蕭瑀，懺悔釋氏投。古 / 來劍業難，何不人鬼謀。

　　宋仲宏詩〔三〕刻多在隴蜀間。劉燕庭方伯《金石苑》資州北岩有其詩一首，作于大觀庚寅（一一一〇）〔四〕。簡州周文王廟亦有七絶兩首，作于壬辰仲夏，則爲政和二年（一一一二）也。但署"成都宋京宏父"，而無結銜，與此刻同〔五〕。資州詩云："紅蓮幕下青城客，五斗留人歸未得。衙回不用展山圖，直到岩邊看秋色。"〔六〕委蛇進退，憔悴思歸，情見乎詞。是其時，不過幕職，歷官尚未顯。至宣和二年（一一二〇），"閬州香城宮建五百羅漢堂記"，京題額，其姓名上題"朝奉大夫、光禄少卿、權太府卿"，則已爲京朝官矣〔七〕。高陵太清閣有四詩，前二首宣和三年（一一二一）四月二十九日，後二首四月晦，相差不過一日。第一首起句云"望斷秦原日月寬，西來涇渭側依山"，後題"京請郡，得鄜，取道渭上，次韵奉呈奉議公"。第四首又有"乞守初來到渭濱"之句〔八〕，是逾半年而出守鄜州。宋時士大夫在朝不得志，往往乞一郡以出，若京是矣。至五年（一一二三）癸卯，又有"題乾陵無字碑二詩"，前一首後題"易使三秦""訪古至此"，爲正月十四日。後一首三月望，跋稱"宋京按部再至""弟卜從行"〔九〕。是其時，京又去鄜，宦轍已更。云"按部"，云"易使"，當是憲庚諸司，或且帥永興軍，駸駸專制一方矣。
　　此刻在宣和三年（一一二一）十月，乃是守鄜時所作，"年華迫人老，王事無時休"，觀首二句，

宋仲宏題詩原石

宋仲宏題詩拓片

若不勝軼掌賢勞之感，京亦倦于津梁矣。《宋詩紀事》錄京詩，但云成都人，崇甯進士〔一〇〕。《金石苑》引《全蜀藝文志》，宋京雙流人，崇寧五年（一一〇六）丙戌蔡嶷榜進士。父承之，有《二江先生集》，所述較詳〔一一〕。而皆不著其所歷官，以石刻證之，其大略可見者如此。按，隴州有"關山雪月詞"石刻，蜀宋構承之撰〔一二〕。此當即京父，承之其字，二江又有別號耳。此刻同游者侄衍、子炎，京尚有子名光，"周文王廟詩"後有跋，題"紹興九年（一一三九）□月望日，男右宣教郎、知簡州陽安縣芠書"〔一三〕，"芠"古"光"字。長安慈恩寺塔有宣和五年（一一二三）宋光等題名，即其人也，但"光""芠"古今字不同耳。京弟名卞，與蔡元長兄弟同是。同時有二京、卞，而名之顯晦殊矣。不幸而晦，尤不幸而顯也，回山王母宮亦有京題一通，宣和癸卯（一一二三）〔一四〕。與乾陵同時刻，蓋亦按部所題，在此刻之後云。

校注記

〔一〕唐·杜甫"同諸公登慈恩寺塔"："高標跨蒼天，烈風無時休。自非曠士懷，登茲翻百憂。……"

〔二〕正觀，即"貞觀"，"正觀"爲避諱宋仁宗趙禎而對"貞觀"的改寫，參閱陳垣著《史諱舉例》卷三"避諱改史實·第二十八 避諱改前朝年號例"，上海書店出版社，一九九七年版，第三十七頁。

〔三〕此當作"宋仲宏父詩"或"宋京詩"。葉昌熾作"宋仲宏詩"，雖亦可通解，但或不十分準確。宋京，字仲宏父，仲爲排行，父（甫）爲男子，表字爲三字在宋代爲時風，參閱宋·黃庭堅撰《山谷集·別集》卷三"説·黨渙字伯舟甫説"，頁十一、十二；《景印文淵閣四庫全書》，第一一一三册，第五六三、五六四頁。按，一九九八年在成都東北郊出土的宋京墓志銘具有證史、補史的價值，參閱劉雋一《北宋宋京夫婦墓志銘考釋》，《中國典籍與文化》，二〇一三年四期，第二十八至三十五頁。

〔四〕清·劉喜海編《三巴金古志》第三卷"宋·宋京詩"，約道光戊申年（一八四八）刻本；以《金石苑》名影印收錄于（臺灣）新文豐出版公司編輯部編《石刻史料新編》（第一輯 第九册），臺北：新文豐出版公司，一九七七年版，第六三九四頁。

〔五〕清·劉喜海編《三巴金古志》第三卷"宋宋京題北周文帝廟詩"，約道光戊申年（一八四八）刻本；以《金石苑》名影印收錄于（臺灣）新文豐出版公司編輯部編《石刻史料新編》（第一輯 第九册），臺北：新文豐出版公司，一九七七年版，第六三九五頁。

〔六〕清·劉喜海編《三巴金古志》第三卷"宋·宋京詩"，約道光戊申年（一八四八）刻本；以《金石苑》名影印收錄于（臺灣）新文豐出版公司編輯部編《石刻史料新編》（第一輯 第九册），臺北：新文豐出版公司，一九七七年版，第六三九四頁。

〔七〕清·劉喜海編《三巴金古志》第三卷"閬州香城宮建五百羅漢堂記"，約道光戊申年（一八四八）刻本，頁一；以《金石苑》名影印收錄于（臺灣）新文豐出版公司編輯部編《石刻史料新編》（第一輯 第九册），臺北：新文豐出版公司，一九七七年版，第六四〇三頁。

〔八〕清·王昶輯《金石萃編》（第四册）卷一百四十七"宋二十五 宋京太清閣詩刻"，嘉慶十年（一八〇五）經訓堂刻本（《石刻史料新編》影印版），頁二十三。按，葉昌熾引前兩首所後題爲節錄。

〔九〕清·王昶輯《金石萃編》（第四册）卷一百四十三"宋二十一 乾陵無字碑題字十二段"，嘉慶十年（一八〇五）經訓堂刻本（《石刻史料新編》影印版），頁十六、十七。

〔一〇〕清·厲鶚輯撰《宋詩紀事》（上）卷三十七"宋京"，上海：上海古籍出版社，一九八一年版，第九四三頁。

〔一一〕清·劉喜海編《三巴金石志》第三卷"宋宋京詩"，約道光戊申年（一八四八）刻本；以《金石苑》名影印收錄于（臺灣）新文豐出版公司編輯部編《石刻史料新編》（第一輯 第九册），臺北：新文豐出版公司，一九七七年版，第六三九四頁。明·周復俊編《全蜀藝文志》卷三十一"序·集序·二江先生文集序（馬涓）"，頁十二至十四；《景印文淵閣四庫全書》，第一三八一册，第三三三、三三四頁。按，《金石苑》其注解信息："右刻在資州北巖。按，宋京雙流人，崇甯五年（一一〇六）丙戌蔡嶷榜進士。父承之，有《二江先生集》，見《全蜀藝文志》。"《全蜀藝文志》僅載宋承之有《二江先生集》，并未載宋京信息，亦未言宋京與宋承之的關係。葉昌熾所引《金石苑》記載，將宋京信息源出《全蜀藝文志》，或因句讀誤。又按，蔡嶷榜進士，指宋京與蔡嶷同榜登第。蔡嶷，宋崇甯末因奉承巴結權貴而考取進士第一名。

〔一二〕清·王昶輯《金石萃編》（第四册）卷一百四十一"宋十九 關山雪月詩"，嘉慶十年（一八〇五）經訓堂刻本（《石刻史料新編》影印版），頁十九。此刻年代爲紹聖丙子（一〇九六），成都宋構承之按部過隴山偶題。

〔一三〕清·劉喜海編《三巴金石志》第三卷"宋宋京題北周文帝廟詩"，約道光戊申年（一八四八）刻本；以《金石苑》名影印收錄于（臺灣）新文豐出版公司編輯部編《石刻史料新編》（第一輯 第九册），臺北：新文豐出版公司，一九七七年版，第六三九五頁。按，葉昌熾所引"宋宋京題北周文帝廟詩"後題爲節錄文字，《金石苑》其子宋光官職部分殘缺，或因此而節錄。

〔一四〕清·繆荃孫撰《藝風堂金石文字目》卷八"宋 回山王母宮題刻三十五段"，清光緒三十二年（一九〇六）刻本，頁十八；收錄于（臺灣）新文豐出版公司編輯部編《石刻史料新編》（第一輯 第二十六册），臺北：新文豐出版公司，一九七七年版，第一九六四七頁。亦見于民國時期張維編《隴右金石錄》"宋上 王母宮題名十"，民國三十二年（一九四三）校印本，頁一三；收錄于（臺灣）新文豐出版公司編輯部編《石刻史料新編》（第一輯 第二十一册），臺北：新文豐出版公司，一九七七年版，第一五九三二頁。

高郵秦□題寶勝佛象

五行。行自十二字至十四字不等，字徑一寸二三分，行書。右上角泐。

按《寶瓶經》戴寶陀國有大導師，/號寶勝佛，現比丘身，爲人說法，/此像是也。刻琢之妙，有顧、陸畫法。/特五色剝落，因雇工飾之。宣和三年（一一二一）/□月戊日（？）高郵秦□題。/

　　高郵秦氏，自是淮海居士一家〔一〕。《宋史·秦觀傳》，觀弟覿字少儀，覯字少章〔二〕。《山谷集》有"次韵答秦少章乞酒詩"〔三〕，又有"贈秦少儀詩"〔四〕。元祐下逮宣和初，不過三十年，計其年亦未耄。惟此刻"秦"下一字偏旁皆闕，未敢輕定。《寶瓶經》不見于《大藏》，元應、希麟、慧琳諸僧亦未有音義〔五〕。梵葉久亡，不獨儒書有闕佚也。"顧"謂顧凱之，"陸"謂陸探微〔六〕。

校注記

〔一〕 秦觀（一〇四九至一一〇〇），字少游，號淮海居士，揚州高郵（今江蘇高郵）人。

〔二〕 元·脫脫等撰《宋史》（第三十七册）卷四百四十四"列傳第二百三 文苑六 秦觀"，北京：中華書局，一九七七年版，第一三一一三頁。

〔三〕 宋·黃㽦撰《山谷集·附山谷年譜》卷二十五"元祐三年戊辰（一〇八八）下 次韵答秦少章乞酒"，頁三；《景印文淵閣四庫全書》，第一一一三册，第九〇七頁。

〔四〕 宋·黃庭堅撰《山谷集》卷四"古詩五十首 贈秦少儀"，頁九、十；《景印文淵閣四庫全書》，第一一一三册，第三十六、三十七頁。

〔五〕 《大藏》即《大藏經》。元應，即釋玄應，唐僧，永徽（六五〇至六五五）末年著《衆經音義》二十五卷，又名《玄應音義》《一切經音義》；希麟，遼僧，籍貫、生卒年均不詳，主要作品有《續一切經音義》十卷；慧琳，疏勒國人，俗姓裴，唐高僧，元和五年（八一〇）撰成《一切經音義一百卷》（世稱《慧琳音義》）。按，玄應改爲元應，爲避諱康熙皇帝玄燁改。

〔六〕 顧凱之今多作"顧愷之"，爲東晉畫家。陸探微爲南朝劉宋畫家。其畫法見唐·張彥遠撰《歷代名畫記》卷二"論顧陸張吳用筆"，北京：人民美術出版社，一九六三年版，第二十三至二十五頁。

仇錞等題名

五行。行六字，末行擠一字，
字約徑二寸強。真書，右行。

仇錞、高安中、王 / 伯虎、李景雲、陳 / 寧之、李覯、康佑、 / 康誼，宣和壬寅（一一二二） / 九月
十四日來游。 /

　　同游八人，惟李景雲爲李寬之子。寬題名，景雲侍，已著録〔一〕。王伯虎，錢唐青林洞有題名一通，
癸卯重午沈遼書，何夢華考爲嘉祐八年（一〇六三）〔二〕。此刻在宣和壬寅（一一二二），相距適周
一甲子，遠不相及。然《荊公集》有"酬王伯虎詩"，其末云"説窮且版築，尹屈事烹飪""徂年幸未暮，
此意可勤恁"〔三〕，似兩人皆在少年時。山谷有"次韵王炳之惠玉版紙詩"〔四〕，炳之即伯虎字，
其人及與元祐諸君子游，下逮宣和，又似不甚遠，未能詳也。慈恩寺塔有"康訓題名"，在政和四年
（一一一四）〔五〕。政宣同時，關隴地又密邇，以偏旁證之，知康誼爲訓昆仲，其餘皆無考。

校注記

〔一〕見前文"李寬提名"，原書卷二，頁八十三。

〔二〕清・沈鑅彪撰《續修雲林寺志》卷七"宋沈遼等題名"，清道光九年（一八二九）年刻版，頁二十、二十一。按，《續
　　　修雲林寺志》逕言癸卯爲嘉祐八年（一〇六三）。葉昌熾言爲何夢華所考，徵引自清・孫星衍撰《寰宇訪碑録》
　　　卷六"飛來峰沈遼等題名二種 正書，癸卯重午，何夢華考爲嘉祐八年（一一六三）"，清嘉慶七年（一八〇二）
　　　刻本，頁三十三；收録于（臺灣）新文豐出版公司編輯部編《石刻史料新編》（第一輯 第二十六册），臺北：
　　　新文豐出版公司，一九七七年版，第一九九四二頁。

〔三〕北宋・王安石撰《臨川文集》卷五"古詩五 酬王伯虎"，頁四；《景印文淵閣四庫全書》，第一一〇五册，第
　　　三十八頁。按，原詩"尹屈惟烹飪"，葉昌熾作"尹屈事烹飪"，或誤。

〔四〕北宋・黃庭堅撰，北宋・任淵注《山谷内集詩注》卷八"次韵王炳之惠玉版紙"，頁一；《景印文淵閣四庫全書》，

第一一一四册，第一〇七頁。

〔五〕清・王昶輯《金石萃編》（第四册）卷一百三十三“宋十一 慈恩寺塔題名二十二段”：“康訓、种師周、李延祚、李景儉、司馬樸，政和四年（一一一四）四月晦日”，嘉慶十年（一八〇五）經訓堂刻本（《石刻史料新編》影印版），頁三十八。

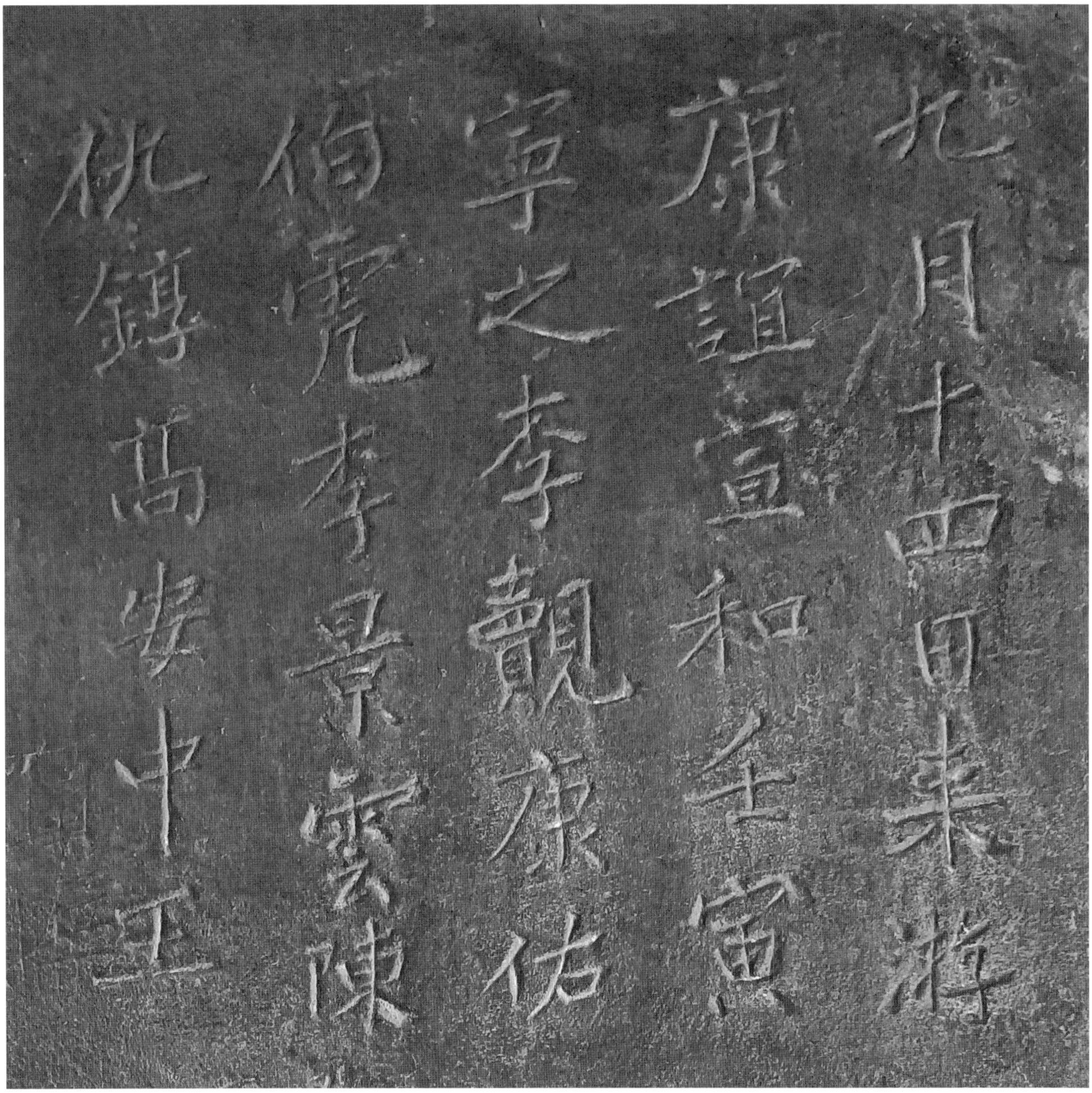

仇鐏等題名原石

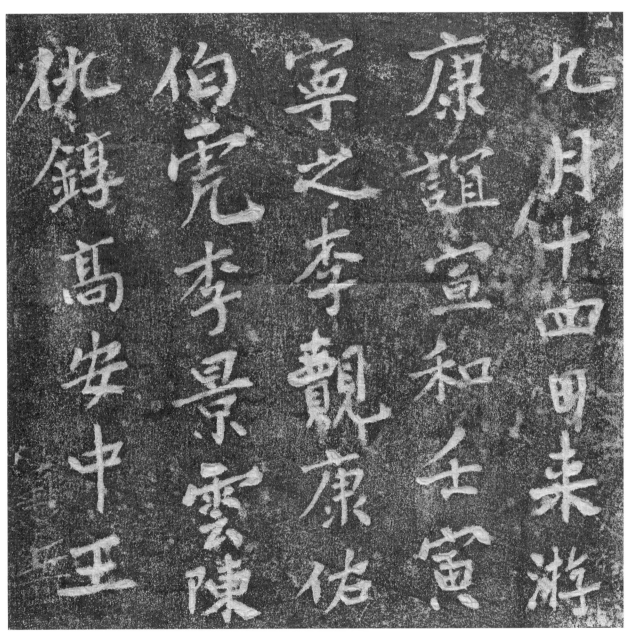

仇鐸等題名拓片

蒲慶隆題名

四行。行八字，字約徑一寸三分。行書右行。

閬中蒲慶隆光裔，緣 / 職事經此，瞻禮 / 石像。宣和壬寅（一一二二）初冬 / 旦日題。

　　宋史蒲宗孟字傳正，閬州新井人；蒲卣字君錫，閬州人。閬中蒲氏在汴宋末爲仕族。宗孟晚年帥永興軍，蒲卣曾知隴、甯二州，皆與邠鄰郡〔一〕。又在政、宣之世，光裔或以宗人，疏附在官，故云以職事至此。

校注記

〔一〕元·脫脫等撰《宋史》（第三十冊）卷三百二十八"列傳第八十七 蒲宗孟"、（第三十二冊）卷三百五十三"列傳第一百一十二 蒲卣"，北京：中華書局，一九七七年版，第一〇五七〇、一〇五七二頁，一一一五三、一一一五四頁。

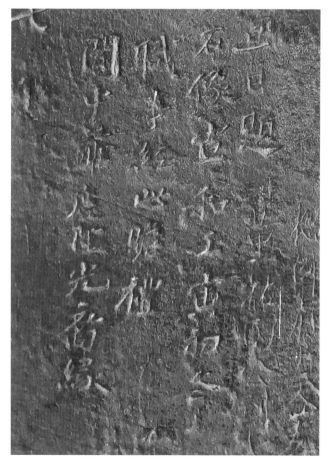

蒲慶隆題名原石

蒲慶隆題名拓片

張植題名

五行。行五字，字約徑一寸五六
分。真書，右行。第五行以下闕。

張植邦林自 / 雍，緣橄南邠，/ 遂之宜禄，往 / 回憩慶壽寺，/ 宣和四年（一一二二）季 /……

《元豐九域志》邠州，縣宜
禄在州西六十里〔一〕。又考唐《元
和郡縣志》，縣南有宜禄川，後
魏廢帝以東陰槃縣改置，周、隋
爲白土縣，貞觀二年（六二八）
又分新平縣置〔二〕。唐太宗與薛
舉戰于淺水原，即其地也。其西
五十里，即今長武縣城，邠涇大
道也。張植"緣橄""往回"，
可知其非達官。自雍至邠，又可
知其府主爲長安臺司也。

張植題名原石

校注記

〔一〕北宋·王存等撰《元豐九域志》卷三，頁十九；《景印文淵閣四庫全書》，第四七一冊，第六十八頁。

〔二〕唐·李吉甫撰《元和郡縣圖志》卷三"關內道三·邠州"，金陵書局校刊，清光緒八年（一八八二）刻本，頁七。

張植題名拓片

錢受之題名

二行。一行七字，一行二字。
年月小字側寫。真書，右行。

錢受之携家恭禮／閣下，宣和癸卯（一一二三）三月望日，咸侍行。／
長安二年（七〇二）／

　　錢受之與其子咸皆無考。以東澗翁之博聞閎覽，而不免與古人同
字〔一〕。虞山西未至空同〔二〕，明以前此寺石刻又不著于錄也。使
無年月，千載而下，不將滋後賢之聚訟哉。

校注記
〔一〕錢謙益（一五八二至一六六四），字受之，號牧齋，晚號蒙叟、東澗老人，
　　　學者稱虞山先生。
〔二〕空同，即甘肅平凉崆峒山。

錢受之題名拓片

錢受之題名

一行四大字，字約徑六寸尚强。左有斷筆，
惟末一"游"字略可辨，無年月，真書。

錢受之登 / 上闕 游 /

前題云"携家恭禮閣下"，明乎其未登閣也。此云"錢
受之登"，高閣崔巍，所携細弱，未能從登，故特書
四字以別之。四字自爲一行，與傅慎微一石同例〔一〕。
承前題而來，故不書年月。

《靖康要録》宣和七年（一一二五）三月，錢蓋
除龍圖閣學士、充陝西路制置使，專一措置京兆府等
路保甲〔二〕。蓋史無傳，以時、以地計之皆合。未知
受之即其字否，姑記之以俟考。

又按，宣和五年（一一二三）正當斡離不犯，汴京种、
姚諸將率師勤王〔三〕，中原鼎沸，西事已鞭長莫及。當
其時，守土之臣慎封圻、謹關梁之不暇。而乃山川舒嘯，
猶若承平無事者，幸夏亦積弱，否則自關以西豈宋有哉。

校注記

〔一〕見後文"傅幾先題名"，原書卷三，頁一。

〔二〕北宋·不著撰人《靖康要録》卷三，頁四十六；《景印文
淵閣四庫全書》，第三二九册，第四七七頁。

〔三〕种、姚指在金兵侵犯汴京時帶兵救援的大將种師中、姚古。

錢受之題名原石

陳述古題名

二行。行五字，字徑四寸，真書。

光禄卿陳述 / 古三過此院。/

有宋中葉，同時有兩陳述古。其一陳襄，述古其字，《宋史》有傳〔一〕。《蘇文忠集》判杭州時，與唱酬之什最多。其一爲陳堯咨族子，堯咨附兄"堯佐傳"，述古又附"堯咨傳"後，但云太子賓客致仕，不言所歷官〔二〕。"劉几傳"几權涇原副都總管，與陳述古交訟〔三〕。考《續通鑒》治平二年（一〇六五）二月丙午降陝西轉運使、光禄卿陳述古爲少府監、知忻州，坐權知渭州日擅移劉几權知鳳翔，并劾几罪，失實故也〔四〕。《王臨川集》有三司鹽鐵副使陳述古兩制，一授衛尉少卿，一授朝奉大夫〔五〕。綜論其前後官，外歷監司，内至卿寺，而史皆闕不書。此刻結銜光禄卿，當是在陝漕時所題。又可知非陳襄也。述古在陝自守渭州，洊持漕節簡書，往來三過邠郊，當在此日。

河南濟源有寶元己卯（一〇三九）登高節陳述古題名，其子知素于治平丙午（一〇六六）續題在後〔六〕。浙之餘杭大滌

陳述古題名原石

洞有述古及陳襲古、陳求古題名〔七〕， 求古又有題字在永嘉飛霞洞（至和二年 一〇五五）〔八〕， 皖中潛山石牛洞有陳奉古題名（皇祐甲午 一〇五四）〔九〕， 皆其群從堯咨之兄堯叟三子長師古、仲希古〔一〇〕。族子博古爲館閣校勘，早卒，并見本傳〔一一〕。潁川家學一門競爽，朝士無出其右，即此刻可覘一斑矣。

校注記

〔一〕元·脱脱等撰《宋史》（第三十册）卷三百二十一“列傳第八十 陳襄”，北京：中華書局，一九七七年版，第一〇四一九頁。

〔二〕元·脱脱等撰《宋史》（第二十七册）卷二百八十四“列傳第四十三 陳堯佐（兄堯叟 弟堯諮 從子漸）”，北京：中華書局，一九七七年版，第九五八一、九五八七、九五八九頁。

〔三〕元·脱脱等撰《宋史》（第二十六册）卷二百六十二“列傳第二十一 劉温叟（子燁 孫幾）”，北京：中華書局，一九七七年版，第九〇七六頁。按，《宋史·劉幾傳》言劉幾時爲涇原路總管，葉昌熾言其爲“涇原副都總管”當是來自下文其所引《續資治通鑒》。

〔四〕清·畢沅著《續資治通鑒》（第四册）卷六十三“宋紀六十三 英宗治平二年（一〇六五）”，北京：中華書局，一九五七年版，第一五三五頁。

〔五〕北宋·王安石撰《臨川文集》卷五十“外制 三司鹽鐵副使陳述古衛尉少卿制”“三司鹽鐵副使陳述古朝奉大夫司封郎中”，頁一、四；《景印文淵閣四庫全書》，第一一〇五册，第三八三、三八五頁。

〔六〕清·孫星衍撰《寰宇訪碑録》卷六“陳述古題名”，清嘉慶七年（一八〇二）刻本，頁二十；收録于（臺灣）新文豐出版公司編輯部編《石刻史料新編》（第一輯 第二十六册），臺北：新文豐出版公司，一九七七年版，第一九九三五頁。

〔七〕清·孫星衍撰《寰宇訪碑録》卷六“大滌洞口陳述古題名 正書，癸丑夏何夢華考爲皇祐五年（一〇五三）”，清嘉慶七年（一八〇二）刻本，頁二十七；收録于（臺灣）新文豐出版公司編輯部編《石刻史料新編》（第一輯 第二十六册），臺北：新文豐出版公司，一九七七年版，第一九九三九頁。按，《寰宇訪碑録》所載未詳，地點雖一致，人名不同，待查。

〔八〕清·孫星衍撰《寰宇訪碑録》卷六“郡守陳求古等題名”，清嘉慶七年（一八〇二）刻本，頁二十八；收録于（臺灣）新文豐出版公司編輯部編《石刻史料新編》（第一輯 第二十六册），臺北：新文豐出版公司，一九七七年版，第一九九三九頁。

〔九〕清·繆荃孫撰《藝風堂金石文字目》卷八“宋 石牛洞題刻五十七段·陳奉古等題名、提刑主客外郎陳奉古等題名”，清光緒三十二年（一九〇六）刻本，頁十一；收録于（臺灣）新文豐出版公司編輯部編《石刻史料新編》（第一輯 第二十六册），臺北：新文豐出版公司，一九七七年版，第一九六四七頁。

〔一〇〕元·脱脱等撰《宋史》（第二十七册）卷二百八十四“列傳第四十三 陳堯佐（兄堯叟 弟堯諮 從子漸）”，北京：中華書局，一九七七年版，第九五八七頁。

〔一一〕元·脱脱等撰《宋史》（第二十七册）卷二百八十四“列傳第四十三 陳堯佐（兄堯叟 弟堯諮 從子漸）”，北京：中華書局，一九七七年版，第九五八九頁。

光禄卿陈述古三过此山院

陈述古题名拓片

宇希、大同、雲鵬〔朋〕題名

三行。一行四字，二行五字，行疏字亦大
小不齊，約徑三寸左右。篆書，右行。

宇希、大同、/ 雲鵬〔朋〕〔一〕應詔來，/ 是日秉燭題。/

宇希、大同、雲鵬〔朋〕義未詳。
若以爲三人之字，但云"是日"，不
書年月。其文爲承上之詞，當別有一
刻在前。此寺題名，三人同游，但書
姓名，不書字者，惟有張泰甯、王覺、
李剛中〔二〕，但泰甯爲邠州守。此云"應
詔"，必非一人一事，其姓名不可得
詳矣。但以小篆圓勁，似徐鼎臣兄弟，
定爲宋刻。

宇希、大同、雲鵬〔朋〕題名原石

校注記

〔一〕葉昌熾將"雲朋"作"雲鵬"。

〔二〕見前文"張太甯題名"，原書卷二，
　　頁六十。按，此處"張泰甯"，前題
　　爲"張太甯"。

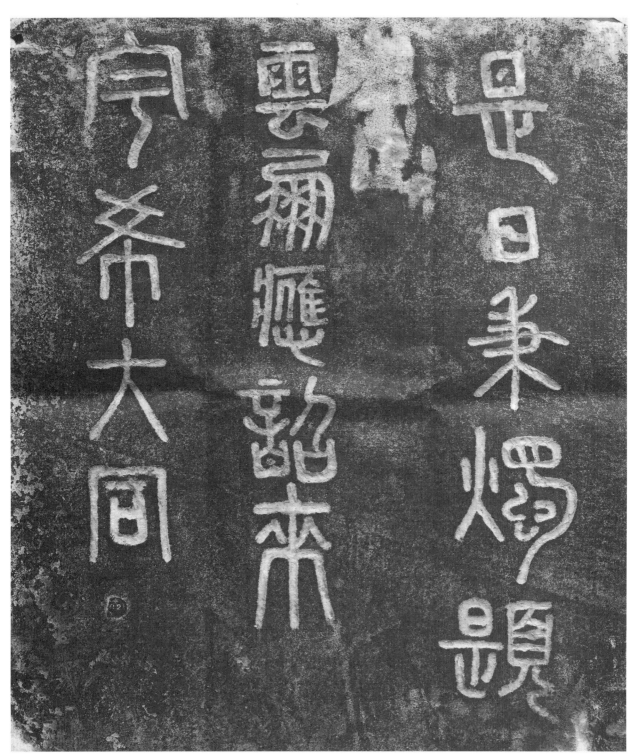

宇希、大同、雲鵬〔朋〕題名拓片

殘題名

殘題名原石

一行直下，泐存十字，第七八字又蝕損，似有所諱
而磨去。字約徑一寸三四分，真書。審爲宋人刻。

^{上闕}**舍人親筆題名，□□刊石。/**

　　年月佚。據"舍人"二字是宋刻。元祐黨禁，海內蘇氏石刻鑱毀無遺。此
刻"舍人"上闕，"刊石"上亦有泐字。推尋文義，皆爲姓字，當時有所諱而
去之。然蘇子瞻未嘗至邠州，慶壽諸刻，黨籍有名者范忠宣、蔣穎叔〔一〕，
其官稱皆不合。《范文正集》有"祭尹師魯舍人"文〔二〕，《忠宣集》有"和
滕中舍見寄詩"〔三〕。若謂"舍人"指滕、尹二公，師魯、子京皆以功名終，
又無身後之禍。何以前兩刻不毀，而于此刻諱莫如深？前賢題字，非有名德如
韓、范諸公者，末由動。後人之景慕，纍纍疥壁，論定良難，姑闕疑，以俟考。

　　此刻姓名，磨之務盡。所謂"親筆"，更一字不留矣。蔡元長、秦會之遺
迹存者無幾，巨奸大憝、山靈騰誚，後人見其姓名，從而去之，猶可説也。若
磨者即出于刊者，當其盛時，附驥尾以致青雲；及其敗後，猶朝衣而坐，塗炭
狐埋狐搰，以避比匪之傷〔四〕，則其人亦非端士矣^{吕惠卿屢知延州，而未嘗守邠，未知其曾至此否}。

校注記

〔一〕見前文"范忠宣題名""蔣之奇題名"，原書卷二，頁六十五、五十八。
〔二〕北宋・范仲淹撰《范文正集》卷十"祭文・祭尹師魯舍人文"，頁九、十；《景印文
　　　淵閣四庫全書》，第一〇八九册，第六六七、六六八頁。
〔三〕北宋・范純仁撰，清・范能濬輯補《范忠宣集》卷三"律詩・和滕中舍見寄"，頁
　　　十一；《景印文淵閣四庫全書》，第一一〇四册，第五六九頁。
〔四〕比匪之傷，與匪人結交而受到傷害。典出《周易・比卦》："象曰，比之匪人，不亦傷乎。"

了然獨游詩

五行。四行七字，一行四字，字約徑一寸二三分。草書，右行。

水落涇河浪轉號，/川原木落益蕭騷。/歲寒惟有亭中柏，/獨向霜前韵最高。/了然獨游。/

《元和郡縣志》邠州本漢漆縣，唐爲新平，涇水西北自宜禄縣界流入〔一〕。《乾隆府廳州縣志》涇水自涇州^{原出笄}流入，又東南涇州北淳化縣，西入乾州永壽縣界〔二〕。凡水，南方曰"湖"，西北亦謂之"河"。涇河猶言涇水，非兼大河，而有二川。邠州固非河水所經也。此詩無年月，涇河水落，川原蕭騷，天紀將窮之日也。自隴以西高平曰原，窪地曰川，唐宋債兵之地，薛仁貴之于大非川，任福之于好水川，其地皆四面高山，淺草平衍，非在水一方也。川原木落，則高下蕭然矣。觀"獨游"二字，了然非釋子。閱歲寒而不改，抱負非常，草書遒峭，亦非俗筆。既不署名，又無儔侣，窮邊歲暮，獨往獨來，倘亦華州二生之流歟。

校注記

〔一〕唐·李吉甫撰《元和郡縣圖志》卷三"關内道三 新平縣"，金陵書局校刊，清光緒八年（一八八二）刻本，頁七。

〔二〕清·洪亮吉撰《乾隆府廳州縣圖志》卷二十三"陝西布政司下 邠州"，清嘉慶八年（一八○三）刻本，頁二十三。

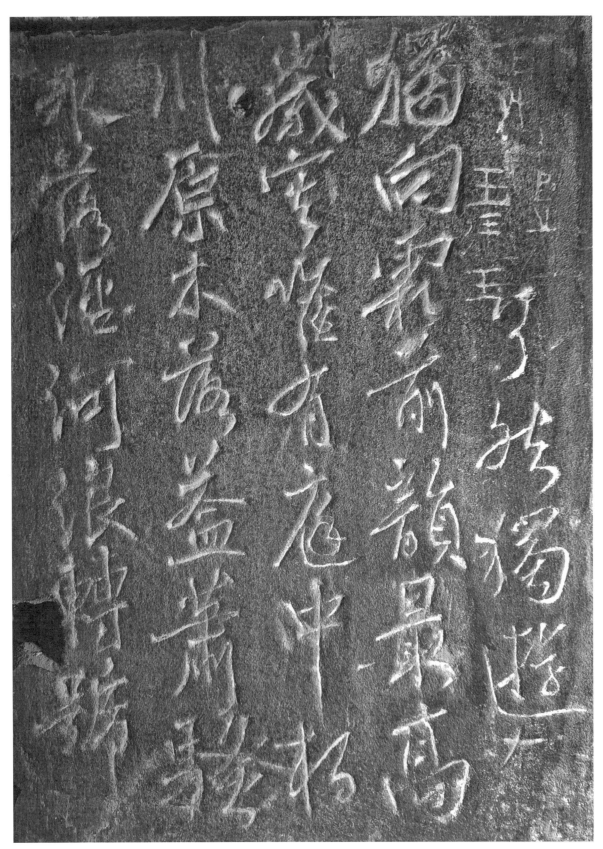

了然獨游詩原石

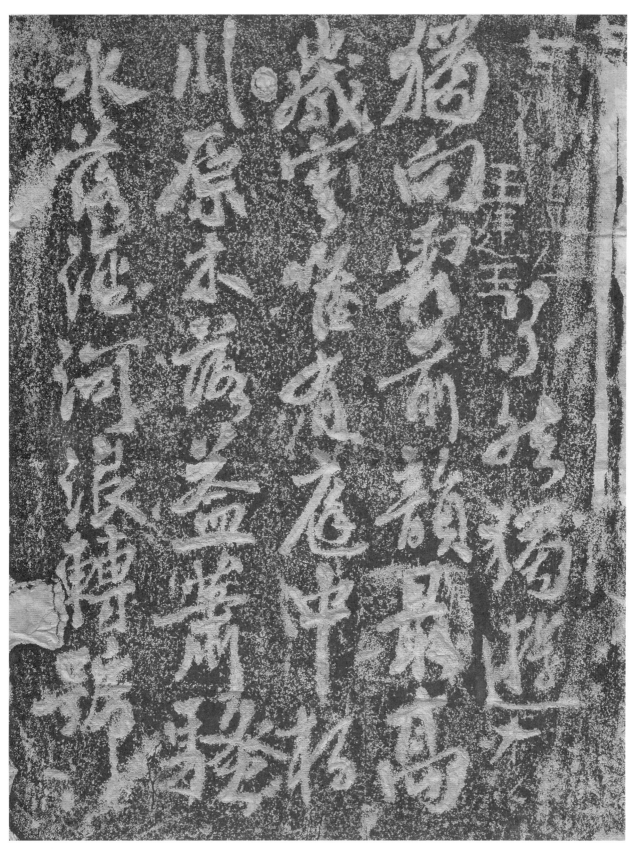

了然獨游詩拓片

劉堯咨題名

二行。行五字，字約徑三寸，真書。審爲宋人刻。

劉堯咨奉 / 命涇原，過此。/ 〔一〕

劉堯咨無考。《宋史》陳文忠堯叟之
弟名堯咨〔二〕。"文苑"亦有劉堯叟，澤州
晋城人〔三〕。堯咨是否其昆弟，未敢定。
其文云"奉命涇原"，涇原爲陝西五路之一，
宋之極邊衝要，原州即今固原州。

校注記

〔一〕原石另有"庚子秋七月十一日"八字。
〔二〕元·脱脱等撰《宋史》（第二十七册）卷
　　　二百八十四"列傳第四十三 陳堯佐（兄堯
　　　叟 弟堯諮 從子漸）"，北京：中華書局，
　　　一九七七年版，第九五八一頁。
〔三〕查《宋史》，無劉堯叟。據"澤州晋城人"，
　　　有劉義叟，但不在"文苑傳"，而在"儒林傳"，疑葉昌熾誤，因劉堯叟、劉義叟音近。劉義叟見元·脱脱等撰《宋
　　　史》（第三十七册）卷四百三十二"列傳第一百九十一 儒林二 劉義叟"，北京：中華書局，一九七七年版，第
　　　一二八三八頁。

劉堯咨題名原石

劉堯咨題名拓片

王君佐題名

僅四字。分兩行，上下四方皆留空。
真書，右行。審筆勢，是宋人刻。

王君 / 佐題 /

四字分列四角，作矩方形。宛然陰文璽押，但非繆篆。邊無觚綾，題名中所僅見。

王君佐題名原石

右宋刻六十通。邠州石室録卷二

金

元

傅幾先題名

一行。四大字，字徑六寸。年
月兩行，夾寫在下，真書。

傅幾先登。/ 正隆辛巳（一一六一）季 / 夏中休日。/

　　此刻僅四字，與錢受之題名同，但有年月。考《金史·循吏傳》傅慎微，字幾先，其先秦州沙溪人，遷居長安。宋末登進士，累官河東路經制使。婁室〔一〕定陝西，慎微兵敗被獲，羈置歸化州。起爲陝西經略使。即其人也。傳又稱陝西大旱，以慎微爲京兆、鄜延、環慶三路經濟使。募民入粟，立養濟院，全活甚衆〔二〕。題名當即在是時，辛巳爲正隆六年（一一六一），是年十月東京留守、曹國公烏禄即位于遼陽，改元大定，即世宗也〔三〕。六月海陵〔四〕猶未敗，故當仍用其紀元。

校注記

〔一〕婁室指金名將完顏婁室。

〔二〕元·脱脱等撰金史（第八册）卷一百二十八"列傳第六十六 循吏·傅慎微"，北京：中華書局，一九七五年版，第二七六三頁。按，"宗弼復取河南地"後，傅慎微被"起爲陝西經略使"。

〔三〕清·畢沅著《續資治通鑒》（第八册）卷一百三十五"宋紀一百三十五 高宗紹興三十一年（一一六一）"，北京：中華書局，一九五七年版，第三五七一頁。按，此東京指金東京遼陽。

〔四〕海陵指海陵王完顏亮。

傅幾先題名原石

傅幾先題名拓片

江孟燕題名

一行直下十三字，字約徑一寸左右。年月十一字在左側，字小如豆，通長不及大字五字。均行書。

安西府西子城江孟燕到此，謹記。/ 至元廿五年（一二八八）□月十八日題。/

　　安西，元初有路、有州而無府。考《元史·地理志》奉元路，唐初爲雍州，後改關內道，又改京兆府。元中統三年（一二六二）立陝西四川行省，治京兆。至元十六年（一二七九）改京兆爲安西路總管府<small>二十三年（一二八六）四川別置行省，改此省爲陝西等處行中書省</small>。皇慶元年（一三一二）改安西爲奉元路〔一〕。安西州，今鞏昌府安定縣，地統于鞏昌路，便宜都總帥府。至元五年（一二六八）隸屬脫思麻路總管府，七年（一二七〇）并洮州入安西州<small>脫思麻路爲今隴蜀交界地</small>〔二〕。此稱安西府，疑當爲安西路總管府，然考"宗室世繫表"，世祖皇帝十子，次三安西王忙哥剌〔三〕，至元九年（一二七二）封，出鎮長安十年，詔益封秦王，別賜金印〔四〕。其府在長安者爲安西，在六盤者爲開成，皆聽爲官邸。又按地理志，開成州初爲原州，至元十年（一二七三）皇子安西王分治秦蜀，遂立開成府〔五〕。然則此安西府，亦可爲安西王長安之藩邸。表又稱忙哥剌至元十七年（一二八〇）薨，子阿難答襲，大德十一年（一三〇七）誅〔六〕。此刻在二十五年（一二八八），

忙哥剌已薨，安西王當爲阿難答。江孟燕或給事藩邸，或爲總管府僚，均未可知。要之藩府皆在長安，則孟燕必自長安至邠，留題于此。

校注記

〔一〕明·宋濂等撰《元史》（第五冊）卷六十"志第十二 地理三 奉元路"，北京：中華書局，一九七六年版，第一四二三頁。

〔二〕明·宋濂等撰《元史》（第五冊）卷六十"志第十二 地理三 鞏昌府"，北京：中華書局，一九七六年版，第一四二九頁。

〔三〕明·宋濂等撰《元史》（第九冊）卷一百七"表第二"，北京：中華書局，一九七六年版，第二七二四頁。

〔四〕明·宋濂等撰《元史》（第二冊）卷十四"本紀第十四 世祖十一"，北京：中華書局，一九七六年版，第三〇二頁。

〔五〕明·宋濂等撰《元史》（第五冊）卷六十"志第十二 地理三 鞏昌府"，北京：中華書局，一九七六年版，第一四二八頁。

〔六〕明·宋濂等撰《元史》（第十冊）卷一百二十四"列傳第十一 哈剌亦哈赤北魯"，北京：中華書局，一九七六年版，第三〇四七頁。

董祐題名

三行。行五六字不等，字約徑
一寸，大者逾二三分。行書。

延祐七年（一三二〇）四月 / 總帥府奏差 / 董祐，因公到此。/

　　考《元史·地理志》陝西奉元、興元兩路皆置總管府。鳳翔雖爲散府，其前固嘗立總管府，獨于鞏昌路置便宜都總帥府。至元十三年（一二七六）立總管府，十四年（一二七七）即復行便宜都總帥府事〔一〕。此稱總帥府，自是鞏昌路帥府奏差。元時内外官屬皆有之，其秩在令史、譯史下〔二〕。斗食之吏也，寫刻淺劣，甚于胥書市牘。

校注記

〔一〕明·宋濂等撰《元史》（第五册）卷六十"志第十二 地理三 奉元路、興元路、鳳翔府、鞏昌府"，北京：中華書局，
　　　一九七六年版，第一四二三、一四二六、一四二七、一四二九頁。

〔二〕元代令史、譯史、奏差的職級高下相連，于内外官屬皆有，記載亦極爲普遍，見于《元史》"選舉""百官"部分，
　　　此處不再綴注。

伯都裝象題字

一行直下十五字，字約徑三寸。小字雙
行在下，僅四字，紙短失拓。真書。

光禄大夫、平章政事伯都裝三尊，歲在／甲／寅／。爰／衆／〔一〕

《元史·畏答兒傳》忙兀人。其先刺真八都兒，有二子，次名忙兀兒，始別
爲忙兀氏，畏答兒其六世孫也。博羅歡，畏答兒幼子醮木曷之孫，瑣魯火都之子，
拜光禄大夫、上柱國、江浙等處行中書省、平章政事，卒封奉安王，謚武穆。子伯都，
幼穎异，不以家世自矜，長嗜書史。至大二年（一三〇九）出爲江南行臺御史中
丞，遷陝西行臺御史大夫。延祐元年（一三一四）拜甘肅行省平章政事。經畫，
諸倉皆充溢。甘州氣寒地瘠，少稔。歲民饑，則發粟賑之；春闕種，則貸之。于
是兵餉既足，民食亦給。四年（一三一七）移江浙，入爲太子賓客〔二〕。延祐元
年（一三一四）正當甲寅，時伯都方拜甘肅之命。元時行省長官往往帶光禄大夫銜，
所叙官與傳合。

又按，此寺元裝象，皆但書甲子而無紀元。甲寅爲仁宗延祐元年（一三一四），
正當有元中葉。此外癸酉三通、甲戌四通〔三〕。由前而溯之，癸酉爲至元九年
（一二七二）；由後而溯之，癸酉爲元統元年（一三三三）。考《元史·朵爾赤傳》，
歷官皆在世祖時〔四〕，今朵爾赤裝象在癸酉，此癸酉自當爲至元九年（一二七二）。
甲戌爲十年，即據以著録而發其凡。于此不曰"造象""畫像"，而曰"裝象"，
隴蜀間造象雕繪并施，歲久剥落，後人從而髹飾之，亦爲檀施功德。觀宣和寶勝
佛象題詞可知，《三巴香古志》化城縣佛龕皆有"繪士布衣張萬餘"，文德元年
（八八八）一通首行"敬發心報，修裝古迹，功德如後"，下列釋迦牟尼佛等幾
身〔五〕。又光啓四年（八八八）一通，則云"敬重裝畫功德共八龕,計二百五身"〔六〕，
亦其證也。"裝"作"粧"，俗字。

伯都裝像題記拓片

校注記

〔一〕按，"爰 / 衆 /"爲"李齊妻武氏造石象銘"文字。

〔二〕明・宋濂等撰《元史》（第十册）卷一百二十一"列傳第八 畏答兒、博羅歡（伯都）"，北京：中華書局，一九七六年版，第二九八七、二九八八、二九九一、二九九二頁。

〔三〕癸酉三通見後文"朵爾赤裝象題字""文伯顏裝象題字""裝象殘題字"，原書卷三，頁七、八、十。甲戌四通見後文"俺普裝象題字""伯顏裝象題字""達魯花赤閻閭裝象題字""尉温福裝象題字"，原書卷三，頁十一至十四。

〔四〕明・宋濂等撰《元史》（第十一册）卷一百三十四"列傳第二十一 朵兒赤"，北京：中華書局，一九七六年版，第三二五四至三二五六頁。按，朵爾赤即"朵兒赤"，下文有葉昌熾辨析。

〔五〕清・劉喜海編《三巴金石苑志》第二卷"唐化城縣造像記"，約道光戊申年（一八四八）刻本，頁一；以《金石苑》名影印收錄于（臺灣）新文豐出版公司編輯部編《石刻史料新編》（第一輯 第九册），臺北：新文豐出版公司，一九七七年版，第六三三八頁。按，在道光戊申年（一八四八）刻本《三巴金石苑志》目錄中，將開元廿八年（七四〇）"唐化城縣造像記"與文德元年（八八八）"唐化城縣造像記"的時間誤置，見該書頁二、四。該書收錄題刻是按時間順序羅列，文德元年（八八八）置前，開元廿八年（七四〇）置後，錯誤明顯。

〔六〕清・劉喜海編《三巴金石苑志》第二卷"唐重修化城縣龕記"，約道光戊申年（一八四八）刻本；以《金石苑》名影印收錄于（臺灣）新文豐出版公司編輯部編《石刻史料新編》（第一輯 第九册），臺北：新文豐出版公司，一九七七年版，第六三三二頁。

朵爾赤裝象題字

一行。八字，字徑五寸。
年月雙行，小字。真書。

上闕**政事朵爾赤裝五尊，/時**〔一〕**歲/癸酉。/**

《元史·朵兒赤傳》，字道明，西夏甯州人。父斡札簀，世掌其國史。
守西凉以城降，副撒都忽爲中興路管民官。朵兒赤年十五，通古注《論
語》《孟子》《尚書》。以西夏子弟召見，授中興路新民總管。至官，
塞黃河九口，開其三流。賦額增倍，轉營田使。秩滿入覲，升潼川府尹〔二〕。
其生長既在甯州，中興路即今甯夏府地。從政之地，又與邠爲鄰，宜
有其題字。石刻"兒"作"爾"，譯音不同也。

又按，"地理志"甯夏路下注云，至元八年（一二七一）置西夏
中興等路行尚書省〔三〕。元貞元年（一二九五）革，并其事于甘肅行
省。此刻歲在癸酉，其時尚爲中興路。傳又稱朵兒赤之子，仁通天歷
二年（一三二九）歿于雲南理問〔四〕，尚在元統以前，益可證此癸酉
在前一甲子，當爲至元九年（一二七二），而非元統元年（一三三三）
也。結銜僅存"政事"二字，上闕。考"朵兒赤傳"，未嘗爲行省臺官，
即不當以平章政事繫銜。或史闕，或此朵爾赤與史傳朵兒赤非一人，
未敢臆定。

校注記

〔一〕文中"時"多作异體字"旹"。後文不再贅注。

〔二〕明·宋濂等撰《元史》（第十一册）卷一百三十四"列傳第二十一 朵兒赤"，

朵爾赤裝像題記原石

北京：中華書局，一九七六年版，第三二五四、三二五五頁。

〔三〕明·宋濂等撰《元史》（第五册）卷六十“志第二十 地理三 寧夏府路”，北京：中華書局，一九七六年版，第一四五一頁。

〔四〕明·宋濂等撰《元史》（第十一册）卷一百三十四“列傳第二十一 朵兒赤”，北京：中華書局，一九七六年版，第三二五六頁。

文伯顏裝象題字

五行。行三字，字約徑四寸。
末一行四字，字略小。真書。

禮店居 / 住文伯 / 顏，裝此 / 壹堂， / 時歲癸酉。 /

　　《元史·地理志》有禮店文州蒙古漢兒軍民元帥府〔一〕，其地闕。又考"百官志"，禮店文州蒙
古漢軍西番軍民元帥府，隸于宣政院，有達魯花赤一員、元帥一員，同知、經歷、知事、鎮撫。各員
又別為奧魯軍民千户所、上千户所。又設禮店階州西水蒙古漢軍西番軍民總把二員〔二〕。其地當在隴

文伯顏裝像題記原石

南、階、文等處，與蜀接壤，疑即今禮縣界^{屬秦}，"禮"亦作"李"。

校注記

〔一〕明·宋濂等撰《元史》（第五册）卷六十"志第二十 地理三 脱思麻路"，北京：中華書局，一九七六年版，第一四三四頁。

〔二〕明·宋濂等撰《元史》（第七册）卷八十七"志第三十七 百官三"，北京：中華書局，一九七六年版，第二一九五、二一九六頁。

裝象殘題字

漫存二字，約徑四寸。下雙行
四小字，殺三之一。真書。

……壹尊，／時歲／癸酉。／

    此刻全漫，僅存"壹尊"二大字，及下分注歲干支。"厄剌歹裝象"漫，至"裝此"二字爲止，若并爲一刻，適一字不遺〔一〕。或疑粗工以紙短分拓，然未見原石，難于斷鶴續鳧。

校注記

〔一〕　"厄剌歹裝象"雖漫，與此題刻不相接。按，根據題刻、拓片看，"厄剌歹裝象"葉昌熾所録字之後尚有"三尊"
　　　　字，昔當時拓工未拓。

俺普裝象題字

二行。左右分列，一行十五字，一行十二字，字徑二寸弱。真書。

忠翊校尉、邠州達魯花赤兼管本州諸 / 軍奧魯、勸農事俺普，裝此一堂， / 時歲 / 甲戌。 /

《元史·百官志》武散官三十四階，第二十八階爲忠翊校尉，正七品。至元二十年（一二八三）定上州達魯花赤、州尹秩從四品，中州達魯花赤下無尹，有知州，并正五品。下州從五品。府、州、縣長官皆兼奧魯、勸農，奧魯治諸軍事，實兼兵、農二職〔一〕。俺普史無傳〔二〕。

校注記

〔一〕 明·宋濂等撰《元史》（第八册）卷九十一"志第四十一上 百官七 諸路總管府"，北京：中華書局，一九七六年版，第二三一七、二三一八、二三一六頁。按，達魯花赤、總管并正三品，兼管勸農事，江北則監管諸軍奧魯。因邠州地處江北，故葉昌熾言"兼兵、農二職"。

〔二〕 按，俺普史雖無傳，但《元史》有相關記載："至正二十八年（一三六八）秋七月丁巳少保、陝西行省左丞相禿魯統率關陝諸軍，東出潼關，攻取河洛……秦國公、平章、知院俺普，平章瑣住等軍，東西布列，乘機掃殄。"見明·宋濂等撰《元史》（第四册）卷四十七"本紀第四十七 順帝十"，北京：中華書局，一九七六年版，第九八五頁。前"伯都裝象題字"，葉昌熾考證四通題刻甲戌年爲至元十年（一二七三）（原書卷三頁六），此題甲戌認作至元十年（一二七三）或誤，一則如葉昌熾就本則題刻所言伯都裝象題字，時間晚于此；二則秦國公俺普配合陝西行省左丞相禿魯布軍已在至正二十八年（一三六八），與至元十年（一二七三）相差時間極長，故判斷此題刻甲戌爲一三三三年。時俺普爲"忠翊校尉、邠州達魯花赤兼管本州諸軍奧魯、勸農事"，官職尚爲四品、五品，至三十五年後的至正二十八年（一三六八）俺普已爲秦國公，于理合。至正二十八年（一三六八）近元亡之期，其時政權飄搖，判斷俺普年歲已高，啓用老臣，實屬無奈。

俺普裝像題記原石

伯顔裝象題字

五行。行四字，字約徑二寸
弱，横列兩龕中間。真書。

承直郎同 / 知邠州事 / 伯顔，裝此 / 上下貳堂。 / 時歲甲戌。 /

《元史》有三
伯顔，一爲蒙古八
鄰部人；佐世祖下
江南，追封淮安王，
諡忠武。一爲蔑兒
吉䚟氏；順帝時歷
官太師、奎章閣大
學士，封秦王；以
專擅黜，死。一在
"儒學傳"，哈剌
魯氏，一名師聖，
字宗道，官翰林待
制〔一〕。此又一伯
顔，其氏族未詳，
事蹟亦不著。考《元
史·百官志》上、中、
下州皆有同知，位

伯顔裝像題記原石

在州尹及知州下〔二〕。文散官三十二階爲承直郎，正六品〔三〕。

校注記

〔一〕明·宋濂等撰《元史》（第十册）卷一百二十七"列傳第十四 伯顔"、（第十一册）卷一百三十八"列傳第二十五 伯顔"、（第十四册）卷一百九十"列傳第七十七 儒學二 伯顔"，北京：中華書局，一九七六年版，第三〇九九、三一二六、三三三五、三三三七、三三三九、四三四九、四三五〇頁。

〔二〕明·宋濂等撰《元史》（第八册）卷九十一"志第四十一上 百官七 諸州"，北京：中華書局，一九七六年版，第二三一七、二三一八頁。根據俸秩可明確看出等級的明確差异，參閱明·宋濂等撰《元史》（第八册）卷九十六"志第四十五上 食貨四·俸秩"，北京：中華書局，一九七六年版，第二四六四、二四六五頁。

〔三〕明·宋濂等撰《元史》（第八册）卷九十一"志第四十一上 百官七 文散官四十二"，北京：中華書局，一九七六年版，第二三二〇頁。

伯顔裝像題記拓片

達魯花赤閭閭裝象題字

五行。行四字，字約徑一
寸，橫列兩龕中間。真書。

邠州新平 / 縣達魯花 / 赤閭閭〔一〕，粧 / 此上面壹 / 堂，時歲甲戌。/

元邠州領新平、淳化，皆下縣〔二〕。《元史·百官志》上縣秩從六品，達魯花赤一員從七品〔三〕。

校注記

〔一〕閭閭其人，葉昌熾無題解。考《元史》
有相關記載：文宗（一三二八）臺臣
嘗奏除目，文宗以筆塗一人姓名，而
綴將作院官閭閭之名。自當言："閭
閭爲人詼諧，惟可任教坊司，若以居
風紀，則台綱掃地矣。"文宗乃止。
（自當）已而出爲陝西行臺侍御史。
見明·宋濂等撰《元史》（第十一
冊）卷一百四十三"列傳第三十自
當"，北京：中華書局，一九七六年
版，第三四一九頁。又按，延祐七年
（一三二〇）後教坊司爲正四品，大
德十一年（一三〇七）後侍御史爲從
二品。見明·宋濂等撰《元史》（第七冊）

達魯花赤閭閭裝像題記原石

卷八十五"志第三十五 百官一 教坊司"、卷八十六"志第三十六 百官二 御史臺"，北京：中華書局，一九七六年版，
第二一三九、二一七七、二一七八頁。自當反對擢升閭閭爲從二品大員，或因閭閭其人詼諧而有失臺綱。此題甲

戌年爲至元十年（一二七三），閭閭任邠州新平縣達魯花赤一職，是元代諸多題人中職務低者，既與其年齡較小有關，又或與其性格有關。至五十五年後的文宗時（一三二八），其時年歲已高，任職正四品而不能擢爲從二品，亦與其性格直接關聯。自當出任陝西行臺御史，深知閭閭其人，與此題中閭閭曾任邠州新平縣達魯花赤一職時間、地點合。

〔二〕 明·宋濂等撰《元史》（第五册）卷六十"志第二十 地理三 邠州"，北京：中華書局，一九七六年版，第一四二八頁。

〔三〕 明·宋濂等撰《元史》（第八册）卷九十一"志第四十一上 百官七 諸縣"："下縣，秩從七品。"北京：中華書局，一九七六年版，第二三一八頁。

達魯花赤閭閭裝像題記拓片

尉温福裝象題字

尉温福裝像題記原石

六行。行三字，字約徑四寸弱，末一行
四字殺其半。在上下兩龕中間。真書。

省除邠 / 州吏目 / 尉温福，/ 裝此中 / 壹堂，/ 時歲甲戌。/

《元史・百官志》參佐官：上州，知事、提控案牘各一員；中州無知事，有吏目；下州吏目一員或二員〔一〕。邠爲下州，斗筲之秩，不由部銓，即爲行省所授，故曰"省除"。尉姓代有尉古真，見魏書〔二〕。北齊尉景，善無人。秦、漢間有官尉候者，子孫以爲氏〔三〕。

校注記

〔一〕明・宋濂等撰《元史》（第八冊）卷九十一"志第四十一上 百官七 諸州"，北京：中華書局，一九七六年版，第二三一八頁。

〔二〕北齊・魏收撰《魏書》（第二冊）卷二十六"列傳第十四 尉古真"，北京：中華書局，二〇一八年版，第七三三頁。

〔三〕唐・李百藥撰《北齊書》（第一冊）卷十五"列傳第七 尉景"："尉景，字士真，善無人也。"北京：中華書局，一九七二年版，第一九四頁。

池彦文裝象題字

一行。六字直下，字約徑二寸弱。〔一〕
在元祐"范棟題名"側。行書。

本州池彦文裝〔二〕

池姓不見于史傳。唐邵思《姓解》，漢有中牟
令池瑗〔三〕。《古今姓氏書辨證》引："風俗通曰：氏
于居者，城郭園池是也。"〔四〕

校注記

〔一〕見前文"范棟題名"，原書卷二，頁七十五。

〔二〕原石文末另有"一尊"二字。

〔三〕北宋·邵思撰《姓解》卷一"水四十"，景佑年間（一〇三四
　　　至一〇三八）刻本，頁十八。

〔四〕南宋·鄧名世撰，南宋·鄧椿年編《古今姓氏書辨證》
　　　卷三"五支 池"，頁十四；《景印文淵閣四庫全書》，
　　　第九二二册，第五十頁。按，《景印文淵閣四庫全書》
　　　爲"氏與事者"，葉昌熾所引不同，當爲版本差異。

張瓮吉剌歹裝象題字

一行直下，存十五字，字徑
二寸。真書。下截失拓。

忠翊校尉、寧州判官張瓮吉剌歹裝此□（壹）下闕/〔一〕

　　元之甯州，即唐、宋、金舊地，漢之北地郡也。至元七年
（一二七〇）并襄樂、安定、定平入本州，領縣一：真寧，見地理
志〔二〕。又按"百官志"上、中、下州同知，下皆有判官，下州兼
捕盜之事〔三〕。張瓮吉剌歹史無傳。

校注記

〔一〕原石"妝此"之後有"堂，時歲癸酉"數字。

〔二〕明·宋濂等撰《元史》（第五册）卷六十"志第二十 地理三 寧州"，北京：
　　　中華書局，一九七六年版，第一四三〇頁。

〔三〕明·宋濂等撰《元史》（第八册）卷九十一"志第四十一上 百官七 諸州"，
　　　北京：中華書局，一九七六年版，第二三一七、二三一八頁。

張瓮吉剌歹裝像題記原石

殘裝象題字

一行直下，存十六字，字徑二寸弱。真書。下截失拓。

中奉大夫、宣政院副使兼同知延慶司事_{下闕}/〔一〕

年月、姓名在下截，已泐。以結銜考之，知爲僧官也。《元史·百官志》宣政院，掌釋教僧徒及吐蕃之境而隸治之。遇吐蕃有事，則分院往鎮。軍民通攝，僧俗并用。置副使二員，上有院使、同知，下有參議、經歷等官。副使從二品〔二〕。又儲政院，下有延慶司，秩正三品，掌修建佛事。使下有同知一員。至元二十一年（一二八四）始立，隸詹事院_{儲政院即詹事院改}〔三〕。又二十九年（一二九二），封晉王于太祖四斡耳朵之地，改王傅爲内史，立内史府。其屬亦有延慶司，掌王府祈禳之事。使下有同知二員，正四品〔四〕。邠州，界鄰蕃部，宣政自當有分院，此延慶司疑爲内史府所屬，爲王祈禳而來。中奉大夫，文散官，第十四階，從二品〔五〕。

校注記

〔一〕按，此題刻爲另一"察罕裝象題字"，位列千佛洞西門柱；下一通"察罕裝象題字"在東門柱。

〔二〕明·宋濂等撰《元史》（第七册）卷八十七"志第三十七 百官三 宣政院"，北京：中華書局，一九七六年版，第二一九三、二一九四頁。

〔三〕明·宋濂等撰《元史》（第八册）卷八十九"志第三十九 百官五 延慶司"，北京：中華書局，一九七六年版，第二二四四頁。

〔四〕明·宋濂等撰《元史》（第八册）卷八十九"志第三十九 百官五 内史府"，北京：中華書局，一九七六年版，第二二六六頁。

〔五〕明·宋濂等撰《元史》（第八册）卷九十一"志第四十一上 百官七 文散官四十二"，北京：中華書局，一九七六年版，第二三二〇頁。

中奉大夫宣政院副使兼同知延慶司事察罕裝址一幕

察罕裝像題記（西門柱）拓片

察罕、祝天祐裝象題字

二行直下，一行二十一字，一行十一字，字約徑三
寸，真書。同在一石，字體亦同，當是一時所刻。

上闕（中）奉大夫、宣政院副使兼同知延慶司事察罕，裝此一尊。/

上闕邠州司吏祝天佑，裝此一尊。/

　　察罕結銜同前刻。《元史》有兩察罕，其一唐兀烏密氏。事太祖、
太宗，封河南王，謚武宣，元初開國勳臣也〔一〕。其時涇邠之地尚
未入版圖。其一西域板勒紇城人也，皇慶元年（一三一二）進榮禄大夫、
平章政事、商議中書省事。乞歸解州，居德安白雲山別墅，以壽終〔二〕。
考其歷官，又不合。當武宗即位時，仁宗爲皇太子，授詹事院判，進
僉事。延慶司雖亦隷詹事院，然傳稱察罕博覽强記，通各國字書。晚
年眷顧愈隆，仁宗至稱之爲白雲先生〔三〕。是儒臣，非僧官，進退
以禮，何至與祝史同列。國語稱白色爲察罕〔四〕，如不花、伯顏之類，
色目人同名者甚多。此刻察罕當別爲一人。元制，州屬無司吏，内史
府延慶司典簿之下亦但有令史、譯史、知印、通事、奏差等官〔五〕。
祝天佑未詳考"百官志"，大都、上都諸官屬，有設司吏者，其秩
在簿、尉、典史下。或州屬亦嘗設此官，而史闕未書〔六〕。

校注記

〔一〕明·宋濂等撰《元史》（第十册）卷一百二十"列傳第七 察罕"，北京：
　　　中華書局，一九七六年版，第二九五五至二九五七頁。

〔二〕明·宋濂等撰《元史》（第十一册）卷一百三十七"列傳第二十四 察罕"，

察罕、祝天祐裝像題記原石

北京：中華書局，一九七六年版，第三三〇九、三三一一頁。

〔三〕明・宋濂等撰《元史》（第十一册）卷一百三十七“列傳第二十四 察罕”，北京：
中華書局，一九七六年版，第三三一〇、三三〇九、三三一一頁。

〔四〕明・宋濂等撰《元史》（第十一册）卷一百三十七“列傳第二十四 察罕”，北京：
中華書局，一九七六年版，第三三一一至三三一二頁。

〔五〕明・宋濂等撰《元史》（第八册）卷八十九“志第三十九 百官五 內史府”，北京：
中華書局，一九七六年版，第二二六六頁。

〔六〕明・宋濂等撰《元史》（第八册）卷九十“志第四十 百官六 開平縣、宛平縣、大
興縣”，北京：中華書局，一九七六年版，第二二九八、二三〇二頁。

祝天祐裝像題記拓片

車力帖木兒裝象題字

一行直下二十字，字約
徑一寸三四分。真書。

兵馬司、都達魯花赤、指揮使車力帖木兒，裝此二堂。/

《元史·百官志》上都留守司監，其屬有兵馬司局指揮使三員、副
使二員。至元二十九年（一二九二）置，又有添設兵馬司〔一〕。至正十
年（一三五〇）十月，中書省奏東南千里外，妖氣見，合立兵馬司四處，
掌防禦之職。大名、東平、濟南、徐州每司置都指揮各二員，副指揮各
四員〔二〕。車力帖木兒如官大名、東平諸屬，安得至邠州裝象？或當是
上都路官，因公至此然。考"志"又云，至正十五年（一三五五）罷沂
州分元帥府，改立兵馬指揮使司。其年十月，濟甯兵馬司添設副指揮一
人〔三〕。是至正添設不止大名等四處，邠州地當邊要，或亦設有分司，
而史闕不書。其長官爲指揮使，上有都使，下有副使，其下又有經歷、
知事等官，而無都達魯花赤〔四〕。元時官制增革不常，此亦史略。車力
帖木兒史無傳〔五〕。

校注記

〔一〕明·宋濂等撰《元史》（第八冊）卷九十"志第四十 百官六 上都留守司兼本
　　　路都總管府"，北京：中華書局，一九七六年版，第二二九七、二二九八頁。

〔二〕明·宋濂等撰《元史》（第八冊）卷九十二"志第四十一下 百官八 添設兵馬司"，
　　　北京：中華書局，一九七六年版，第二三三七頁。

〔三〕明·宋濂等撰《元史》（第八冊）卷九十二"志第四十一下 百官八 添設兵馬司"，

車力帖木兒裝像題記原石

北京：中華書局，一九七六年版，第二三三七頁。按，《元史·百官志》言至正十一年（一三五一）罷沂州分元帥府，至正十五年（一三五五）十月濟甯兵馬司添設副指揮二員，葉昌熾言"至正十五年（一三五五）罷沂州分元帥府……其年十月濟甯兵馬司添設副指揮一人"，或誤。

〔四〕明·宋濂等撰《元史》（第八册）卷九十二"志第四十一下 百官八 添設兵馬司"，北京：中華書局，一九七六年版，第二三三七頁。按，兵馬司秩正四品，下有警巡院、開平縣，皆秩正六品，屬設達魯花赤一員，見明·宋濂等撰《元史》（第八册）卷九十"志第四十 百官六 兵馬司、警巡院、開平縣"，北京：中華書局，一九七六年版，第二二九八頁。此處兵馬司與達魯花赤職級相差甚大，且警巡院、開平縣下祇有達魯花赤而無指揮使，故此處所題達魯花赤當非警巡院、開平縣之達魯花赤。又按，另有右、左阿速衛親軍都指揮使司，下并有達魯花赤、都指揮使：至元九年（一二七二），初立阿速拔都達魯花赤，置屬官。至大二年（一三〇九），改立左、右阿速衛親軍都指揮使司，置達魯花赤三員、都指揮使三員、副都指揮使二員、僉事二員。後定置達魯花赤一員，正三品；都指揮使三員，正三品。見明·宋濂等撰《元史》（第七册）卷八十六"志第三十六 百官二 右阿速衛親軍都指揮使司、左阿速衛親軍都指揮使司"，北京：中華書局，一九七六年版，第二一六七、二一六八頁。此"都"或與唐代職低而任高用"守"相似。兵馬司秩正四品，達魯花赤、都指揮使皆爲正三品，達魯花赤與都指揮使或爲先後并列職官。

〔五〕按，車力帖木兒史雖無傳，但有相關記載：至正二十二年（一三六二）三月甲寅，四川明玉珍陷雲南省治，屯金馬山，陝西行省參知政事車力帖木兒等擊敗之，擒明玉珍弟明二。見明·宋濂等撰《元史》（第四册）卷四十六"本紀第四十六 順帝九"，北京：中華書局，一九七六年版，第九五九頁。如此判斷，葉昌熾言其"上都路官，因公至此"，或誤。葉昌熾言"邠州地當邊要，或亦設有分司"，邠州設兵馬司可能性極大，《元史·順帝紀》所載其領兵，與此題都達魯花赤、指揮使之職有相通處。考《元史·百官志》，至大四年（一三一一）復改行中書省，凡十一，每省設參知政事二員，從二品。見明·宋濂等撰《元史》（第八册）卷九十一"志第四十一上 百官七 行中書省"，北京：中華書局，一九七六年版，第二三〇五頁。按，陝西行省參知政事爲從二品，兵馬司正四品，達魯花赤、都指揮使皆爲正三品，可知其任陝西行省參知政事、領兵擊敗明玉珍在此題之後，即此題時間當前于至正二十二年（一三六二）。而其上限時間當爲至大二年（一三〇九），該年改立左、右阿速衛親軍都指揮使司，置達魯花赤三員、都指揮使三員。

厄剌歹裝象題字

一行直下十六字，字徑一寸强。〔一〕
在甲辰宋永之題名右側。真書。

將仕佐郎、新平縣達魯花赤厄剌歹，裝此（下闕）/〔二〕

　　《元史·肖乃台傳》，子名兀魯台〔三〕，與厄剌歹譯音同。但考其宦轍，
未嘗西至邠州。元制散階無九品，將仕郎爲末一階，從八品〔四〕。州、縣之
事領于達魯花赤，尹、丞、簿、尉皆在其下〔五〕，儼然百里之長。散官即對
品〔六〕，亦何至階在最下？此亦官制簡陋，雖海寓一統，開國規模并不逮遼、
金遠矣。

校注記

〔一〕見前文"廣平宋永之等題名"，原書卷二，頁三十六。

〔二〕原石中，"裝此"下另有"三尊"二字。

〔三〕明·宋濂等撰《元史》（第十冊）卷一百二十"列傳第七 肖乃台（抹兀答而 兀魯台）"，
　　北京：中華書局，一九七六年版，第二九六七頁。

〔四〕明·宋濂等撰《元史》（第八冊）卷九十一"志第四十一上 百官七 文散官
　　四十二"，北京：中華書局，一九七六年版，第二三二一頁。

〔五〕明·宋濂等撰《元史》（第八冊）卷九十一"志第四十一上 百官七 諸縣"："下縣，
　　秩從七品。"北京：中華書局，一九七六年版，第二三一八頁。

〔六〕對品，即品級對應。此處葉昌熾意爲文散官與諸縣之職本應相對。將仕郎爲從八品，
　　下縣達魯花赤爲從七品。

厄剌歹裝像題記拓片

右金刻一通，元刻十五通。邠州石室録卷三

乙卯仲夏黄岡饒星舫^{寫于}_{滬上}。

後序

緣裘先生于金石之學研閱獨精。《語石》一編，人間流播。固已騰貴洛陽之紙，虛懸國門之金。垂聲後來，盛業不朽矣。又以奉使度隴，成《邠州石室録》三卷。閟之篋衍，行謀殺青。今者劉君翰怡以康成經説寫定于禮堂、仲任《論衡》匿玩于藏室〔一〕，請之先生，爰爲校梓。

刊削既竟，謙亦預讎勘之列。三復卒讀，因竊窺其閟悒焉。從來母后秉權，易淪神寶。蔚宗作紀，論漢家成敗之由〔二〕，當與《詩》《書》同嘆矣。唐自武氏稱制，易姓改元，使非仁杰，幾無再興之望。此録以叔夏薄游致嗟其泡沫、李齊構象願拯其顛危〔三〕，寄慨于牝鷄之煽虐，其殆以大運凌夷，推尋亂萌，實肇于是。先生亦憂患而作乎？

夫國有兵禍，存亡攸系，果得忠良之將，奚至不能平蕩？倘委托非人，則宗祚隨之而徂矣。有宋之世，外患迭興，雖南渡偏安，王氣未盡。然當政、宣之際，中原鼎沸。守土諸臣，猶復載登杰閣，絜婦孺而來。曠倚長城，隳封圻之責，此已可怪。于夏人積弱西陲，可無用兵。自命童貫，往討諸路軍事，復使貫總其任，遂爲所敗，卒大掠蕭關以去〔四〕。先生于此爲之嘆息、恨痛不置，斯尤可心知其意者也。

若夫刻石文辭，有裨史學。此録雖一時題記，僅載姓名，先生爲依據職官，鈎稽歲月，訂渡豕之誤字，補乘馬之闕文〔五〕。此固顓家之業，非可易幾要。其撰述大義，則不在此矣。

乙卯（一九一五）冬十月隘堪居士孫德謙〔六〕謹識。

校注記

〔一〕東漢鄭玄（一二七至二〇〇），字康成，經學大師。東漢王充（二七至約九七），字仲任，著有《論衡》，思想家。

〔二〕南朝宋范曄（三九八至四四五），字蔚宗，撰《後漢書》，"欲因事就卷内發論，以正一代得失"，"皇后紀"東漢和帝後連續六太后臨朝，與邠州大佛寺石室唐代題刻中武氏臨朝有相似處。

〔三〕見前文"高叔夏造像""豳州司馬漢川郡開國公造象殘碑"，原書卷一，頁二十一、二十二、二十七。

〔四〕見前文"隴西鵬〔朋〕甫題名"之葉昌熾題解，原文卷二，頁八十六。

〔五〕渡豕之誤，同"亥豕之誤"，指因字形相似而出現的錯誤。典出《呂氏春秋·察傳》載春秋時子路過衛國見其史書有"晋師三豕涉河"，疑證"己亥涉河"。因"己"與"三"相似、"豕"與"亥"相似。乘馬、闕文，即"史闕文、馬借人"，意思是史書有缺字不敢擅補，以待來人；有馬不能騎不敢强騎，避免傾覆。典出《論語·衛靈公》："子曰：'吾猶及史之闕文也。有馬者借人乘之，今亡矣夫！'"

〔六〕孫德謙（一八六九至一九三五），字受之，晚號隘堪居士，江蘇蘇州人。致力于聲韵、訓詁、經史之學。

《緣督廬日記抄》中《邠州石室録》的相關文字

1. 葉昌熾初次接觸邠州大佛寺題刻，爲吳大澂贈送其任陝甘學政時所抄録的題刻文字。光緒丁亥（一八八七）四月初四日，卷四，頁五十二。

　　"初四日，得愙齋丈書，送來手録邠州大佛寺題名，又毛鳳枝所輯《關中金石目》五册。"

2. 葉昌熾初次接觸邠州大佛寺題刻拓片，亦爲吳大澂所贈送。光緒丁亥（一八八七）四月十二日，卷四，頁五十五。

　　"十二日，中丞送來拓本二十四種，以于孝顯碑、隆闡法師碑，元思叡、雲景嘉造像記見贈。"

3. 吳大澂贈送葉昌熾邠州大佛寺拓片及其他關中拓片，其目的是托付葉昌熾編撰《關中金石》。光緒丁亥（一八八七）五月初五日，卷四，頁五十九、六十。

　　"初五日，得愙齋丈書，屬（囑）編《關中金石》。欲不録全文，無可考者但書在某縣某地、何年何月何人所書。如此則成書較易，亦一法也。"

4. 葉昌熾被任命甘肅學政，初游邠州大佛寺。光緒壬寅（一九〇二）四月十四日，卷十，頁二十四。

　　"十四日……十里游大佛寺，即唐尉遲敬德所建慶壽寺也。内尚有鄂公生祠。大石佛高八丈五尺，趺座蓮臺。鑿壁爲龕，深廣如巨廬。左右兩佛列侍，法身較大佛不及半。壁間鑿佛龕無數，右壁有宋宋京宏父七律一首。登閣瞻眺，大殿三間。大佛從下而起，上穿閣頂，高及梁際，與龍藏寺大佛正同。閣之兩旁，皆石室造象。左室有武周長安石刻二通，亦有宋元刻。右室宋人題名甚多，約略諦視，筆勢飛舞，鋒穎如新。龕之上下左右皆有題字。左室有達魯花赤及奧魯、勸農等字，又有裝塑字，當是元人重修題名。猶憶在羊城時，愙齋前輩亦以督學關隴時録存副本見怡，尚不及所見之半。惜無禮椎，如入寶山空手回。又爲俗僧敗興，意在檀施，堅請入室，不能暢其游。囑僧居甚窄，亦于高處開窟洞。陡壁鑿足迹三四，上懸鐵絙。又一處以木椿植岩腹，皆藉以攀援而登。其實高不過數丈，置一梯足矣，不知何以以身試險也。迤西道險，曰打兒嘴，又西漸高曰石板坡，左倚峭壁，右距涇水，不容兩車。俯視心回，皇而不怡。"

5. 三年後，葉昌熾赴任甘肅學政，經途近涇州城處，收到邠州大佛寺石窟拓片，爲主持僧天緣所送。光緒乙巳（一九〇五）六月廿一日，卷十二，頁二十四。

　　"廿一日……邠州大佛寺住持僧天緣送拓本來。約八十分〔份〕，每分〔份〕四通。其中雖雜以明刻，唐宋十居七八。此愙齋所欲拓而未果者，亦一快事。檀施二十金，贐四金。"

6. 初整理邠州大佛寺石窟題刻，大致按年代歸類。光緒丁未（一九〇七）三月廿七日，卷十三，頁九。

“廿七日……度隴過邠州所拓大佛寺石刻，半月之内手自校釋，共得一百有十二通。唐刻皆精，惜十不存四五，又皆漫漶，蓋爲宋人題名磨損。宋刻又爲明人惡剗磨損。轉展〔輾〕鏟除，謬種不絶，文字浩劫，古今同慨。”

7. 葉昌熾始集中時間勾摹、校釋邠州大佛寺題刻。宣統辛亥（一九一一）八月初二日，卷十四，頁三十三。

“初二日，取邠州大佛寺石刻雙勾宣和一通。老目昏眊，未能纖毫畢肖。如欲著録，祇可援劉氏《三巴奢古志》之例縮臨較易。”

8. 摹、臨諸刻，宣統辛亥（一九一一）八月，卷十四，頁三十四。

“初九日，自摹邠州石刻二通。”

“十三日……摹豳（邠）州石刻三通。”

“十四日……摹邠刻三通。”

“中秋日……摹邠帖一通。”

“十七日，邠州高叔夏造象一通，聖曆元年（六九八），共二十三行，背臨三日始畢。又摹康定一通。”

“十八日……臨邠刻三通。”

“十九日……摹慶壽寺石刻二通，重摹了然詩一通。”

“二十一日，摹邠石二通。”

9. 摹、臨諸刻，宣統辛亥（一九一一）九月，卷十四，頁三十七。

“重陽日，燈下摹邠帖一通。”

“十一日，摹邠石二通。”

10. 摹、臨諸刻，宣統辛亥（一九一一）九月，卷十四，頁三十七、三十八。

“十二日……摹邠刻二通。”

11. 摹、臨諸刻，宣統辛亥（一九一一）九月，卷十四，頁三十九。

“十九日……不得已仍以邠帖自遣。摹宋仲宏詩一通畢，行書百七十八字。”

12. 摹、臨諸刻，宣統辛亥（一九一一）九月，卷十四，頁四十。

“廿四日……摹邠刻，昨今兩日得四通。”

“廿五日……摹邠刻二通。”

13. 摹、臨諸刻，宣統辛亥（一九一一）十月，卷十四，頁四十一。

“初二日，寫邠刻唐李齊妻武氏造象銘，無年月。金輪時刻，共十九行，行二十四字。分一行爲二，共三十八行，每行十二字。六日而畢。”

“初三日摹邠刻兩通，《波羅密〔蜜〕多心經》《温室洗浴衆僧經》，皆殘字，并畫棋子方格。鐙〔燈〕下又摹宋楚正叔一通。”

“初四日，摹邠刻三通。長壽二年（六九三）比邱〔丘〕神智造像記，十八行，行九字，共一百八十字，棋子方格。”

14. 摹、臨諸刻，宣統辛亥（一九一一）十月，卷十四，頁四十二。

“初六日，豳州司馬李承基造象一通，一百六十字。昨日抽毫，今日寫畢。剥蝕已甚，雙鈎缺筆滿紙，如蠹齒痕。

燈下又摹應福寺西閣功德記一通，亦有百餘字。"

"初七日……摹邠刻一通。"

15. 摹、臨諸刻，宣統辛亥（一九一一）十月，卷十四，頁四十四。

"十四日摹邠刻一通。"

16. 摹、臨諸刻，宣統辛亥（一九一一）十月，卷十四，頁四十五。

"十五日，摹邠刻宋、明各二通。"

"十六日，寫邠刻唐證聖一通。"

"十七日……摹邠州元海元□等造象一通，一百五十字。爲宋人題名磨損，殘畫模糊。鐙〔燈〕下摩挲老眼，僅能得其仿佛。"

"十八日，摹邠刻證聖元年（六九五）元思叡造象一通，亦百五十字。"

"十九日，摹邠州至和二年（一〇五五）史世則題名一通。"

"二十日，摹邠刻阿彌陀佛贊一通。九行，行三十二字，爲後來磨損，泐存不逾百字。"

"廿二日，摹邠州司馬、漢川郡、開國公造象一通。十七行，行存十二字。深昏始畢。"

"廿三日，摹邠州宋題名二通。"

17. 摹、臨諸刻，宣統辛亥（一九一一）十月，卷十四，頁四十六。

"廿四日……摹邠州明刻一通，又檢得殘佛經二通，似與前録之《温室洗浴衆僧經》筆勢仿佛。鈎校一過，前拓之尾即爲此拓之首。有兩三行連綴不斷，竟是一刻。并得見咸亨紀元。百衲斷紋，撥劫灰而重續，古緣不淺，禪悦亦匪淺。"

"廿五日……前録《温室洗浴衆僧經》是殘刻，僅五行。續得三紙，首尾鈎貫，計六十行。所記行款已不符，舊稿已廢，重繕一通未畢。"

18. 摹、臨諸刻，宣統辛亥（一九一一）十一月，卷十四，頁四十六。

"初一日，重摹《温室洗浴衆僧經》畢。越六日矣。五紙六十行，每行雖衹存四五字，首兩行及末行之末尚未蝕盡。首尾厘然可見。從烟霧迷離之中，一波一磔，摸索而出。草蛇灰綫，若合若離。畫格縱橫交午，泐紋斷續勾連。第四紙一誤再誤，五易稿而後成。書痴冷澹，生涯談何容易。"

"初二日，摹邠刻三通。皆明人筆。著録自元代爲斷，今用蘇齋《粵東金石略》例。"

19. 摹、臨諸刻，宣統辛亥（一九一一）十一月，卷十四，頁四十七。

"初三日，摹邠刻一通，下有續題，實兩通。"

"初四日……摹邠刻造象一通，題名二通。"

"初五日，摹邠刻四通，造象一，題名三。"

"初六日，摹邠刻三通，皆明人俗筆。"

"初七日，摹邠刻兩通，皆明中葉刻。"

"初八日……摹劉克諧題名一通，亦邠刻。僅二行，後一行之左有庚子秋七月十一日八小字。俗書淺細，其左又有碎筆蝕未盡，當尚有數行，別爲一刻，置未録。"

"初九日，摹景龍造象一通，邠之古刻。惜剥損過半，二十六行，行十三字，鉤稽字句而得之。又摹宋無年月一通。"

"初十日摹邠刻宋元各一通。"

20. 摹、臨諸刻，宣統辛亥（一九一一）十一月，卷十四，第四十八頁。

"十二日，摹唐造象三通，皆邠刻。"

"十三日，摹邠刻宋題名四通。"

"十四日，摹明題名三通，皆邠刻。其一通行直下三十餘字，一頁不能容，以兩紙聯合，作推篷式。慶壽寺共二刻如此。"

"十五日，摹邠鐘一通，兩面十六行。明人題名一通。"

"十七日，飯後強握管，摹邠刻唐造象、宋題名各一通，元造象二通，又一通俗書，斷爛似明刻。"

"十八日，鐙〔燈〕下草草摹元祐題名一通。此數日內，困于周旋摹古，依樣葫蘆，但有形似，皆不能工，付之一嘆。"

"十九日，摹唐宋元刻各一通。"

"二十日……摹宋題名三通、元造像一通。邠州大佛寺石刻共百二十有五通，一律寫完。初試筆十餘通未能合格。王鴻業題名尤劣，鐙〔燈〕下重摹一通，以先後兩本互勘，不獨雅鄭有別，字形大小亦有視差。始知兩月功夫，積薪居上。晚學其可忽諸。此寺全分〔份〕，昔在隴上，按部至涇州與邠，陝甘分壤，寺僧摹拓，越境賫送行轅。屢欲仿《三巴㿟古志》，影拓成帙，藏之笥中。越五年而願始，倘無負阿師矣。"

21. 摹、臨諸刻，并始爲之題跋，宣統辛亥（一九一一）十一月，卷十四，頁四十九。

"廿一日……摹邠帖，排比先後，以年月爲次，無年月者審其筆勢以定時代，各附本朝之後。計唐廿二通，宋六十四通，金一通，元十六通，明廿二通。"

"廿四日，邠州杜良臣題名與安頓雖同在一石，實非一時所刻，當抽出別爲一通。共一百二十有六通。自昨日始繕定一目，題曰'邠州石室録'，年月、姓氏、職官、郡邑詳載無遺。又重摹張翼慶曆五年（一〇四五）題名一通。"

"廿七日，繕邠州石室目畢，共十頁，頁二十行。録文百二十一頁，通共一百三十一頁。藏之篋衍，以待考訂。"

"廿八日，作神智造象跋一首，邠州全分〔份〕，去其無可考證者。若日得一首，石室録三月可卒業。"

22. 爲諸刻作跋，宣統辛亥（一九一一）十一月，卷十四，頁五十。

"廿九日，作《心經》《温室洗浴衆僧經》兩跋。"

"三十日，作雲景嘉、元思叡造象兩跋。"

23. 爲諸刻作跋，宣統辛亥（一九一一）十二月，卷十四，頁五十。

"初一日，作元海元會造象題跋二首。"

"初三日，作萬歲通天二年（六九七）元嵒造象跋一首。"

"初六日，作長壽三年（六九三）李承基造像跋二首。"

"初七日，作高叔夏、鄭希□造象各一跋。"

"十一日，作李齊造象第二跋。"

"十三日……成李齊妻武氏造象銘一跋，約數百字。"

24. 爲諸刻作跋，宣統辛亥（一九一一）十二月，卷十四，頁五十一。

"十五日，作景龍二年（七〇八）、乾元二年（七六〇）造象跋各一首。"

"十六日，作房喆造像、李秀喆殘題字各一跋。"

"廿三日，作應福寺西閣功德記一跋。"

"廿五日，作解禮題名跋一首。"

25. 爲諸刻作跋，宣統辛亥（一九一一）十二月，卷十四，頁五十二。

"廿八日……摹邠州篆題名三通。"

"廿九日，作王沿題名跋一通。"

26. 爲諸刻作跋，宣統壬子（一九一二）正月，卷十四，頁五十二。

"初一日……宋范、韓功在西邊，邠州爲其經略之地，《文正》《安陽》兩集，同時人物，與宋題名或可互證。午後取《范集》先閱之，盡五册。"

"初二日，得藝風堂函謝贈書言……不贊成收明刻，以其浩無津崖也。《范集》十卷，匆匆過目。續閱《韓魏公集》畢。"

"初三日，韓、范兩集既過目，又檢東坡、臨川二集，僅閱其目，兩宦迹未至西陲，無可獺祭。"

27. 爲諸刻作跋，宣統壬子（一九一二）正月，卷十四，頁五十三。

"初六日，檢《續通鑒》自仁宗康定、慶曆至建中靖國，共六巨册，頗于邠刻可參考。"

"初七日，爲邠刻檢元祐黨碑，無所得。轉于華岳題名，得李惇義行之一人。又檢武威、秦安、涇州三志，從《涇志》知智周爲安俊之字、伯庸爲王堯臣之字。"

"初十日，爲邠刻檢《萃編》，于'秦晋題名'得余藻一人。又知仲遠爲蔡延慶之字。"

"十三日，去年所撰王沿題名跋，言之不詳。今日據《宋鑒》重改定。"

"十四日作趙威題名跋一通。"

28. 爲諸刻作跋，宣統壬子（一九一二）正月，卷十四，頁五十四。

"十九日，檢《訪碑錄》，得趙尚、張重、毋安之諸題。可與邠刻相印證。"

"廿三日，作韓魏公、尹河南題名跋一通。"

"廿四日，作王堯臣題名跋一通。"

"廿七日，作王冲題名跋一通，無傳不免蹈空之病。"

29. 爲諸刻作跋，宣統壬子（一九一二）二月，卷十四，頁五十四。

"初三日，作程戡、魚周詢題名跋一通。"

"初五日，作王素題名跋一通。"

"初七日，作張翼題名兩跋。"

"初九日，作王稷題名跋一通。昨改張翼題名跋，今日又增損之，三易稿矣。"

30. 爲諸刻作跋，宣統壬子（一九一二）二月，卷十四，頁五十五。

"十二日，李丕旦題名二通，各系一跋。"

31. 爲諸刻作跋，民國壬子（一九一二）二月，卷十四，頁五十六。

"十六日，作劉几題名跋。題者爲薛周，初不詳其人，既而爲鄧永世一刻内有文與可，檢蘇詩，忽得題薛周逸老亭一首，在鳳翔作。時地皆不遠，必其人也。乞酒得漿，俄頃間無心而遇之，與看榜拾得眼鏡，何以异哉？"

"十七日，改定劉几題名。據《宋史·忠義傳》增兩行。又跋鄧永世一通，惟石室先生可考，是以君子疾没世而名不稱焉。"

"十八日，作史世則、馬清題名跋一通。"

"十九日，作陟景昇題名跋。課虚責有，僅百字，猶贅也。"

"廿二日，作宋永之、孝之題名跋一通。"

"廿三日，作曹穎叔題名跋一通。"

"廿五日，慶壽題名兄〔元〕老、廷老、介夫一跋，朱治、曹起兩跋同脱稿。"

"廿六日，作蔡延慶題名跋一通。"

"廿七日，作智周題名跋一通。考得爲安俊，宋西邊宿將也，此與仲遠之爲蔡延慶、德順之爲地名、通理之爲官名，自謂破天荒手段，但可與知者言爾。"

"廿八日，作安頓、楚建中題名兩跋。"

32. 爲諸刻作跋，民國壬子（一九一二）三月，卷十四，頁五十六。

"初一日，作范恢題名跋一通。"

"初二日，作宋唐輔題名跋一通。"

33. 爲諸刻作跋，民國壬子（一九一二）三月，卷十四，頁五十七。

"初三日，作戴天和題名跋一通。"

"初六日，李孝廣、蔣之奇題名兩跋，前兩日，客至未脱稿，飯後續成之。"

"初七日，昨撰李孝廣題名跋，寥寥無可考。檢《三巴䚰古志》，得蓬溪縣"净戒院記"，宣和五年（一一二三）李孝端撰，結銜爲鄆城縣開國男，與李孝廣鄉貫合。宣和距元豐亦不遠，可爲礄〔確〕證，重作一通。又作張太寧一跋。"

"初八日，作王戩、种師古題名跋一首。"

"十一日，作范棟、范文光題名兩跋，皆元祐六年（一〇九一）在韓魏公題後。鐙〔燈〕下閲《夢溪筆談》四册，熙寧中存中爲陝漕，其所記時事，或可證邠刻，而涉獵一遍無所得。"

"十四日，作張行中、王雍題名兩跋。其第二人皆李惇義行之，行之尚有無年月一偈，慶壽共三刻。"

"十五日，作潍陽恁孺、洛中愚叟説偈跋一首。孺即王雍，叟則李惇義也。"

34. 爲諸刻作跋，宣統壬子（一九一二）三月，卷十四，頁五十八。

"十六日，作了然詩跋一通。"

"十七日……作范忠宣題名跋一通。"

"十八日，作劉淮題名跋一通。"

"十九日，作宇希、大同、雲鵬〔朋〕題名跋，篆字，三通均畢。又據《郡齋讀書志》改定李孝廣一通。"

"二十日……作李寬、杜良臣題名二跋。李跋易稿而後成。"

"廿五日，邠州金刻但有正隆傳幾先一通。益庵熟于完顔掌故，作一函往詢之。還書來言，《金史》有傳。所著《興亡金鑑錄》，見《世善堂目》。專門之學，名下果無虛士。"

35. 爲諸刻作跋，民國壬子（一九一二）三月，卷十四，頁五十九。

"廿六日，跋殘題名二通，皆從無字句處得間而入。善辨模黏字，專攻穿鑿文，此言未遑多讓。"

"廿八日，考定邠刻兩通。一無姓名、年月，作兩跋；一爲己酉劉宗韓，考得在熙寧二年（一〇六九）。"

"廿九日，重改定劉宗韓跋。又跋劉堯諮、王君佐兩通，羌無故實。"

36. 爲諸刻作跋，民國壬子（一九一二）四月，卷十四，頁五十九。

"初一日，昨陳述古題名跋，晨起刪二十餘字。"

37. 爲諸刻作跋，民國壬子（一九一二）六月，卷十四，頁六十三。

"初四日，邠州題名閣〔擱〕筆已一月餘。今日據益庵說重撰劉宗杰跋一通，又增安陽王舉第二跋。"

"初五日，鐙〔燈〕下撰張重題名跋。"

"初六日，作紹聖戊寅（一〇九八）趙尚題名跋一通。"

"初七日，作重和己亥（一一一九）隴西朋甫題名跋一通。"

"初九日，作張太寧題名跋，無考。今作宋京詩跋，從《金石苑》檢得太寧世系，知爲鼎州太守張察之父，治平進士，陝西都轉運使，因重撰一通。"

"十一日，作高郵秦□題寶勝佛象一通。前作范文光題名跋，以筆迹古秀，定爲宋刻。今午偶檢邠州姜嫄公劉廟碑後有崇禎六年（一六三三）七夕川西范文光仲暗題字，即其人也。考史固未可斷，古今書迹，時代先後，亦豈能師心輒定。"

38. 爲諸刻作跋，民國壬子（一九一二）六月，卷十四，頁六十四。

"十三日，作邠州題名仇鐸一跋、蒲慶隆光裔一跋，皆宣和壬寅（一一二二）。"

"十四日，作邠州題名跋張植一通、錢受之二通，第二通又分爲三則。"

"初十日作宋京宏父題名跋一通。"

"十五日，星臺來長談……告以《邠州石室錄》將脫稿。鄙人不敢望阮亭竹垞，若願爲林鹿原，敬以相浼，訂約而去。鐙〔燈〕下作張守約題名跋一通。"

"十六日，作辛九皋題名跋。宋刻六十五通皆畢。"

"十七日，補撰李孝廣題名第二跋。又改定宋京、張重兩通，頗有增損。"

"十八日，邠州題名重撰王冲一通，改定趙威一通。"

"十九日，作傅幾先題名跋，金刻祇此一通。"

39. 爲諸刻作跋，民國壬子（一九一二）七月，卷十四，頁六十四。

"初五日，作邠州元題名跋二通，至元江夢燕、延祐董祐。"

"初七日，邠州裝象題字十四石，皆元刻。作伯都一通，《元史》有傳。"

"初八日……作邠州裝象跋三則，皆癸酉歲，考定爲至元九年（一二七二）。朵爾赤文伯顏一殘刻。"

"初十日，改定文伯顏裝象跋。又作俺普、伯顏、閭閻三通。"

"十一日，跋邠刻三通：尉溫福裝象、甲戌池彥文、張瓮吉剌歹，無年月。"

40.爲諸刻作跋，民國壬子（一九一二）七月，卷十四，頁六十五。

"十二日，跋殘裝像一通，有宣政院延慶司，官制可考。"

"十三日，作裝象跋二通，察罕、車力帖木兒皆無年月。"

"十四日，跋厄剌歹裝象一通。元刻十六通均畢。唐宋元共一百有四通。明刻從藝風之言，捨旃。或錄其目爲附庸。自客□（？）操翰，一易寒暑，始告成。中更國變，疾灾憂患，脫稿爲幸。身後楹書，既無可托賚章甫以適越，又無顧而問者。昔人謂借書爲一痴，此豈非一痴邪？"

"十八日，校邠州石刻目，去明范文光一通，實祇有一百三通。內無年月五通，考定爲熙寧、元祐、紹聖間刻。各依紀元重編。"

41.民國壬子（一九一二）十月，卷十四，頁七十。

"廿二日，作'游邠州大佛寺記'，擬附刻于石室錄之後。前十年事，如尋昔夢。幸有日記，可爲藍本。"

42.民國甲寅（一九一四）十月，卷十五，頁四十二。

"十二日，劉怡翰刻叢書，徵鄙人撰述。介益庵屢言之，舊簏非無叢殘，諱不敢宣。但有《邠州石室錄》尚可質諸當世。益庵薄暮來，即付之，并告以宗旨、略例。"

43.民國甲寅（一九一四）十月，卷十五，頁四十六。

"廿二日，益庵來告，《邠州石室錄》將寄鄂，付陶子麟。此善之善者也。"

44.民國乙卯（一九一五）三月，卷十五，頁六十二。

"廿二日，得益庵一函，告陶子麟到滬。陶爲鄂渚手民，善仿宋，精妙不弱于東鄰，翰怡延之，來刊四史：《史記》影蜀大字本、兩《漢書》白鷺洲書院本、《三國志》宋大字監本。先以拙稿《邠州石室錄》付之爲發軔之始。原稿已在翰怡處，雖不必再加點竄，碑文、跋尾各自爲稿，分合之間尚需詳定。即復一緘，約面談。晚餐後，造益庵齋，商榷刻例。翰怡已出，留贈新刻《周易》單疏六冊。并將《石室錄》原稿携歸。"

"廿三日，出《邠州石室錄》重定刻例。全書分三卷，以序冠首，序後目，目後游記，皆直接而下，不分頁。石刻即以響拓本上版。占半頁者，跋語從後半頁；起占全頁者，下一頁起皆低一格。石文外皆宋體字，以瘦勁有生趣、如仿宋槧精本爲合格。"

45.民國乙卯（一九一五）三月，卷十五，頁六十三。

"廿八日，《邠州石室錄》板式欲得一書爲例，午後自携杖訪吳石潛，借《三巴耆古志》不得。遍觀插架，有新刊《攀古樓彝器款識》尚不相徑庭，《長安獲古編》亦《金石苑》之一，但所刻皆金文。二書可擇用其一，即借歸三冊。……又致益庵一緘，《石室錄》仍携歸，燈下重定刻例。石潛約明午與陶子麟同來也。"

"廿九日，石潛與陶子麟如期而至，即出拙稿示之，并示以《長安獲古編》，板口、高下、廣狹，即據此爲度。中綫但有魚尾，無象鼻。魚尾之下第一卷旁書'邠一'，二三卷仿此。葉數距下橫綫約寸許。亦旁注撰人姓名，列于目錄之前，次行增校訂姓氏，爲翰怡而設也。既尚定，適益庵函來，今晨行矣。爲翰怡留語，拙稿即可付子麟，如其言授之而去。臨臥，翰怡又來一函，欲改宋體爲活字，又欲歸入嘉業堂叢書。刻書活體字須略近歐、虞，或仿趙承旨，生動勁拔有碑版氣，非下工所能也。又當商之子麟矣。"

"三十日，陶子麟仍與石潛同來，《石室錄》商定改用活體字。"

46. 民國乙卯（一九一五）六月，卷十五，頁六十八。

"十八日，益庵自滬來，携《邠州石室録》寫樣見示，仿《金石苑》峻峋露骨，瘦硬可喜。"

47. 民國乙卯（一九一五）七月，卷十五，頁六十九。

"初四日，前日爲劉翰怡代撰《邠州石室録》序。翦其枝葉，改竄至十之三。"

48. 民國乙卯（一九一五）八月，卷十五，頁七十。

"初一日……午後校《邠州石室録》寫樣。鄂渚饒辛（星）舫之筆雋雅絶俗，瘦硬通神，得佳刻手。"

"初二日，午後校《邠州石室録》第一卷畢，僅訛三四字。彭城縣主一通，原稿誤爲"郡主"，經其改正跋中誤字，亦得連類勘出。此寫官洵加人一等。"

"初六日，益庵書到，又請補杜良臣題名一通。不知此題幕〔冪〕刻智周之上，智周即安俊之字，兩刻同在一紙，非有闕也，憶似如此。非查原刻、原稿，不能瞭然矣。"

"初九日，得益庵一緘，杜良臣題名果與智周同一刻。師丹雖耄，尚未茫然也。"

49. 民國乙卯（一九一五）八月，卷十五，頁七十一。

"十七日，校《邠州石室録》，益庵未携原稿來。不知校書須以兩本對勘，故謂之'讐'。若僅以文理順流讀下、口頭滑過，即目中滑過，非内家也。"

50. 民國丙寅（一九一六）五月，卷十六，頁十。

"十九日……《邠州石室録》已刻成，好寫精雕。金石刻本，東武江夏以後所未有。但金玉其外敗絮其中，爲可愧耳。"

51. 民國丙寅（一九一六）七月，卷十六，頁二十四。

"三十日……《邠州石室録》校改訛字，饒星舫自鄂渚簽樣寄閱，通校一遍，均已修正。惟宋辛九皋題名分注中，李丕旦"旦"字誤爲'亘'，削去'亘'上一畫即可付印矣。"

52. 民國丙寅（一九一六）十二月，卷十六，頁四十四。

"初十日……自晨至午，筆不停揮。又力疾督奴子整理書帙，《邠州石室録》十八部，其餘皆友朋投贈，充然滿笥歸。而插架又增幾許牙簽矣。"

注

"附録"所征引文字爲《續修四庫全書》(第五七六册)收録的《緣督廬日記抄》，上海蟫隱廬民國二十二年(一九三三)石印本的影印本。《續修四庫全書》的頁碼不再另出，因影印本《緣督廬日記抄》中的頁碼標注已十分清晰，易于翻檢。

後 記

　　《〈邠州石室録〉校注》《〈邠州石室録〉補遺》《彬州大佛寺石窟題刻研究》《彬州大佛寺石窟造像研究》是我最近數年來完成的有關陝西彬州大佛寺石窟課題的系列研究成果。其中，本次文物出版社出版《〈邠州石室録〉校注》《〈邠州石室録〉補遺》是有關彬州大佛寺石窟題刻整理及必要研究的基礎性成果。

　　對彬州大佛寺石窟的研究緣起于導師李淞先生對我博士學位論文選題的指導。清楚地記得是二○一五年十二月一日，與導師李淞先生及兩位師兄西安美術學院白文教授、陝西師範大學高明教授一起前往彬州（時名彬縣）考察水陸畫，結束後還有些許時間便順路考察彬州大佛寺石窟；返回的路上先生説該石窟可以做博士論文。後又經歷了許多其他的事情和反復選題的糾結，最終在二○一五年的陰曆年年底，決定以該石窟作爲博士學位論文的選題。

　　確定選題後，并没有立即展開該石窟的研究，而是首先對現存重要石窟造像的相關研究進行系統地補課。以對雲岡石窟、龍門石窟的研習爲主，兼及其他石窟、造像、壁畫等的研習。大量地讀書、做筆記、繪圖、考察，并通過默繪、强記的方式快速地形成了對石窟、造像的個人的知識體系。大約經過了四個月的不間斷地研習，自我感覺對石窟造像已經有了一定的認識。

　　從二○一六年的“五一”假期開始專門地收集、整理該石窟的資料，并作消化、吸收，以爲開題報告的撰寫做準備。這些基礎資料的整理包括五個部分：彬州大佛寺石窟造像一覽表（包括數量、尺寸、外在描述等）、彬州大佛寺石窟題刻一覽表、彬州大佛寺石窟相關古籍文獻整理、彬州大佛寺石窟造像題刻分布圖、《邠州石室録》整理。以此爲基礎，大致形成了對該石窟的全面了解，包括基礎材料、研究現狀等，也發現了該石窟還有大量的研究空間；逐漸確定了以造像爲主的研究，并順利完成博士學位論文的撰寫、答辯。

　　在二○一八年博士畢業并留校任教後，仍覺得自己的博士學位論文還存在很多不足。尤其是題刻方面，當時的整理和研究是出于服務造像研究的目的，主要使用的也祇是唐代造像有關的造像記。對該石窟的研究，內心裏覺得是“欠債”的。于是以該石窟的題刻研究爲選題申報了二○二○年度的陝西省社會科學基金項目并獲立項。同樣，“彬州大佛寺石窟題刻研究”的選題是以題刻材料的整理和必要考釋爲基礎的；首先需要核對題刻、拓片，識讀題刻的文字并考釋題刻文字的具體信息；以此爲基礎展開的研究纔是可靠的研究。

　　清代金石學家葉昌熾所撰寫的《邠州石室録》收録了該石窟唐、宋、金、元四朝的一百零三通題刻，并有保存狀況的描述、勾摹刻版，以及對作者、年代、職官、歷史地理、藝術風格的考證。彼時服務于博士學位論文的《邠州石室錄》整理是頗嫌不足的。于是對照題刻、拓片、該書的勾摹刻版，重新識讀題刻文字；查詢、考釋題刻中的字詞、句子；對葉昌熾的題跋考證重新標點，在此過程中核覆并標注了該書引用的所有原始文獻，以確保句讀的準確；并對葉昌熾的考證作了進一步的糾補和完善。由於有了博士論文期間整理本的底子，加之定點檢索的便利，《〈邠州石室錄〉校注》在二〇二一年元旦前完成了簡體字本。其後，爲方便在不同出版社出版，又先後調整、完成了繁體竪排專名綫本和繁體橫排本。此次出版所選用的是繁體橫排本，并以簡體字本和繁體竪排專名綫本爲基礎，爲的是盡可能地保留古籍文獻原有的特質。

葉昌熾《邠州石室錄》是以拓片爲基礎的整理，收錄多有遺落；加之葉昌熾聽從了繆荃孫的建議，并未收錄明代及其之後的題刻，題刻的收錄并不全面。在《〈邠州石室錄〉校注》完成後，我就有了《〈邠州石室錄〉補遺》的想法。由於教學任務繁重、愛人生病住院一月有餘，以及較多雜務需要處理，《〈邠州石室錄〉補遺》的開展比較緩慢，在二〇二一年十月份前僅完成了唐、宋、金、元時期約略三十通題刻的整理和考釋，而體量最爲龐大的明、清、新中國成立前、不明紀年的題刻超過二百餘通尚未整理。十一月份開始，各地新冠疫情反撲，高校綫上、綫下上課混合，并無定數。前後超過兩個月的時間，除了在家上網課之外，就是全身心地研究、寫作。《〈邠州石室錄〉補遺》竟然非常快速地完成了，除了個別題刻需要再考察原石、進一步增補外，初稿基本成型。

由於《〈邠州石室錄〉校注》與《〈邠州石室錄〉補遺》的完成，以及前期博士學位論文對彬州大佛寺石窟造像的研究，以對材料較爲熟悉把握爲基礎的《彬州大佛寺石窟題刻》的研究也相對比較順利。從二〇二二年元旦至五月中旬，我沒有教學任務，全力以赴地研究，成果產出自然是比較快速的，最終於二〇二二年"五一"假期略後完成了《彬州大佛寺石窟題刻》一書的初稿。

二〇二二年十月中下旬，西安美術學院學科建設項目臨時追加項目與經費，鼓勵有現成成果的教師申報。我以《〈邠州石室錄〉校注》《〈邠州石室錄〉補遺》二書作爲同一個學科建設項目申報，并於十一月二日順利獲批立項并提供經費資助出版。于是，抓緊時間重新校對原稿，并又兩次去彬州大佛寺石窟考察題刻、拍攝圖版，除了查缺補漏外，還做了圖版等方面的進一步完善。感謝陝西海豐印刷有限公司的鼎力支持、西安美術學院紀委李翔宇書記與白鵬副書記的直接幫助、西安美術學院其他各級各部門領導及同事的關心和支持，在十一月三十日順利完成了二書的簽訂合同、報賬等諸多流程，并迅速進入設計、排版、審校等環節。其後，能夠完成這兩本著作的校審與出版事宜，陝西海豐印刷有限公司的敬業、負責、高效是令人感動的。

需要特別感謝的是，導師李淞先生的關心、鼓勵與褒揚，以及適時間的提醒與建議，讓我既頗爲興奮地、有成就感地從事自己的學術工作，又讓我靜下心來、一絲不苟地展開研究，期待拿出的是精品成果。《〈邠州石室錄〉校注》《〈邠州石室錄〉補遺》這兩本書算是對自己的學術事業以及長達八年關注的彬州大佛寺石窟課題的一個相對滿意的交代，更是對恩師李淞先生知遇之恩、諄諄教誨的些微回報。

感謝彬州大佛寺石窟博物館前館長孫彬榮先生提供了館藏的已有的拓片圖版，并慨允我拍攝題刻原石、使用所有圖版，爲該課題的研究和這兩本書的完成提供了必備的資料基礎。感謝西安建築科技大學的張永剛博士、中華書局的劉明老師及白愛虎老師、浙江大學出版社的王榮鑫老師熱心幫忙聯係并提供幫助，雖然二書因爲各種原因最終没能在中華書局、浙江大學出版社出版。此外，還有很多同門、同事的支持與幫助，恕不一一具名。

碩士研究生時期的導師馮旭先生，對我的學術研究有一如既往地支持與鼓勵，是我人生前進道路上的良師益友。身在一千公里之外、已是古稀之年的父母，對我遠離他們身邊的工作給予了理解、包容和支持，姐姐、姐夫及其他親人對父母的照看爲我的安心研究免去了後顧之憂，愛人爲我的專心研究提供了最直接的關心和照顧。

對融入自己生命歷程中的親朋師賢的幫助，實難以文字表達感謝於萬一。"後記"這些零零散散的回憶與致謝，又算是我自二〇一四年來到西安求學與工作這九年時光的部分回顧。期待專家學者的批評、指正，以讓我在往後的學習與研究中繼續提升。

陳磊于西安美術學院

2023 年 10 月 8 日